Claus Mikosch

Der kleine Buddha
entdeckt die Kraft der Veränderung

Claus Mikosch

Der kleine Buddha

entdeckt die Kraft der Veränderung

HERDER

FREIBURG · BASEL · WIEN

Für Mira und Lisa

© Verlag Herder GmbH, Freiburg im Breisgau 2020
Hermann-Herder-Straße 4, 79104 Freiburg
Alle Rechte vorbehalten
www.herder.de

Bei Fragen zur Produktsicherheit wenden Sie sich an
produktsicherheit@herder.de

Einbandgestaltung: Tanja Geier, Nice Day Advertising
Cover: Buddha © Gert Albrecht, Rahmen: Stefan Grau/Shutterstock.com
Vignetten im Innenteil: www.shutterstock.com

Satz: Arnold & Domnick, Leipzig
Herstellung: GGP Media GmbH, Pößneck

Printed in Germany

ISBN 978-3-451-39445-4

Inhalt

Die Kraft der Veränderung

Frieden! Wie traumhaft schön dieses Gefühl doch war, so leicht und rein, so unbeschwert und einzigartig. Glück und Liebe tanzten durch sein Inneres, mit sanften Schritten und einem strahlenden Lächeln. Das Leben, manchmal war es einfach wunderbar!

Der kleine Buddha saß auf dem flachen Stein unter seinem Bodhi-Baum und meditierte. Mit jedem bewussten Atemzug wurden sein Herz wärmer und sein Geist ruhiger, Zufriedenheit und Dankbarkeit nahmen zu und seine Ängste und Sorgen wurden immer kleiner. Nicht, dass er viele Ängste oder Sorgen gehabt hätte, aber er war auch nur ein ganz normaler Mensch mit Wünschen und Träumen und ja, auch mit Ängsten und Sorgen. Daher freute er sich umso mehr, wenn er Momente großer Ruhe und Gelassenheit erleben durfte. So wie jetzt gerade: Die Sonne war erst vor Kurzem aufgegangen und die ganze Welt schien mit sich selbst im Einklang zu sein.

Noch eine Ewigkeit hätte der kleine Buddha so sitzen bleiben können, nur er alleine mit diesem zauberhaften Gefühl von Frieden. Doch dann zupfte plötzlich jemand an seinem Umhang.

„Herr Buddha, die Leute warten schon."

Er mochte es überhaupt nicht, wenn sie ihn so nannten. Es klang viel zu ernst und er fühlte sich dabei wie ein alter Mann. Aber was sollte er machen? Schon vor geraumer Zeit hatte er aufgehört, sich darüber zu ärgern.

Noch ein weiteres Mal atmete er tief ein und aus, dann öffnete er langsam die Augen.

‚Oh nein!', dachte er sofort, als er die lange Schlange sah, die sich bereits früh am Morgen vor seinem Baum gebildet hatte. All diese Menschen waren von nah und fern gekommen, um den kleinen Buddha um Rat zu fragen. Nur allzu gerne hätte er die Augen wieder geschlossen, aber da er die Leute bereits gesehen hatte, brachte er es nicht übers Herz, sie zu ignorieren und noch länger warten zu lassen.

„Also gut", seufzte er, „fangen wir an."

Ganz früher hatte ihn fast nie jemand besucht, er hatte sich einsam und traurig gefühlt und den Kontakt zu anderen Menschen schrecklich vermisst. Dann hatte ein paar Jahre lang jede Woche eine Handvoll Neugierige bei ihm vorbeigeschaut. Für den kleinen Buddha war dies eine herrliche Zeit gewesen; er hatte ausgiebig die Ruhe genießen können und trotzdem war er nie lange alleine gewesen. Jetzt kamen die Leute allerdings jeden Tag von früh bis spät ohne Unterbrechung. Es war einfach zu viel!

Natürlich freute er sich, wenn er anderen bei ihren Problemen helfen konnte, und eigentlich bekam er ja auch gerne Besuch. Doch während er sich noch vor wenigen Monaten mit jeder Person lange hatte unterhalten können, herrschte mittlerweile ein solcher Andrang, dass er nicht einmal mehr Zeit hatte, die Namen seiner verschiedenen Besucher zu erfragen. Sie kamen zu Hunderten! Manchmal hatte er sogar das Gefühl, nicht genügend Zeit zum Atmen zu haben. Und diese wunderschönen, friedlichen Momente, alleine unter seinem Baum, gab es nur noch ganz selten.

Hinzu kam noch, dass er sich selbst überhaupt nicht für einen weisen Menschen hielt. Deshalb erschien es ihm umso seltsamer, dass so viele ihn förmlich mit „Herr" anredeten und in langen Schlangen warteten, nur um kurz mit ihm sprechen zu können.

Wenigstens hatten bisher fast alle ein Lächeln auf dem Gesicht gehabt, wenn sie wieder nach Hause gegangen waren. Doch in letzter Zeit häuften sich die Klagen von Besuchern, deren Erwartungen sich nicht erfüllten. Der kleine Buddha sagte ihnen zwar alles, was er wusste, und er erzählte ihnen auch immer die wundervollen Geschichten, die er auf seinen Reisen gehört hatte und die ihm selbst so sehr geholfen hatten. Doch trotzdem waren sie unzufrieden mit seinen Worten.

„Das wissen wir doch schon alles", beschwerten sie sich, „du erzählst uns nichts Neues."

„Und warum ändert ihr euer Leben nicht, wenn ihr schon längst wisst, wie es besser geht?"

Darauf folgte für gewöhnlich ratloses Schweigen. Natürlich waren seine Hinweise nicht neu, das hatte der kleine Buddha auch nie behauptet. Das Problem war jedoch nicht das Fehlen von neuen Weisheiten, sondern die bereits existierenden mussten in die Tat umgesetzt werden. Von alleine änderte sich schließlich nichts, da konnte man warten und jammern, so viel man wollte.

Viele seiner Besucher schienen das jedoch nicht zu verstehen. Oder vielleicht wollten sie es auch nicht verstehen.

Der kleine Buddha begann, über Veränderung nachzudenken. Warum fiel es den Menschen so schwer, sich zu ändern? Warum musste man sich überhaupt ändern? Warum konnte nicht jeder glücklich sein, einfach so, ohne sich zu ändern? Und wie würde die Welt wohl aussehen, wenn es keine Veränderung gäbe?

Unwillkürlich wanderten seine Gedanken zu seinem eigenen Leben. Vereinzelt gab es zwar noch schöne Momente unter seinem Baum, aber diese Momente wurden immer seltener. Er hatte kaum noch Zeit, um in Ruhe zu meditieren oder einfach nur den Himmel zu bewundern. Viel zu oft war er damit beschäftigt, mit anderen Leuten über ihre Probleme zu reden. Und ganz gleich, wie aufmerksam er zuhörte und wie viele Ratschläge er ihnen gab, einige Wochen später kamen die meisten mit denselben Problemen wieder zu ihm. Es war, als würde er sich im Kreis drehen. Und obwohl er es nur ungern zugab: Die Situation nervte ihn gewaltig!

Allerdings bezweifelte der kleine Buddha, dass der Grund für seine Unzufriedenheit einzig und allein in den Menschen lag, die sich nicht änderten. Wahrscheinlich musste er selbst irgendetwas in seinem Leben ändern ...

Schon seit Monaten saß er fast ununterbrochen an derselben Stelle und schenkte seine Zeit den vielen Menschen, die Hilfe suchten. Vielleicht war der Moment gekommen, sich wieder einmal selbst etwas Zeit zu schenken? Den Ort wechseln und neue Erfahrungen sammeln; Urlaub machen.

Der Sommer stand vor der Tür, konnte es einen besseren Zeitpunkt geben? Und womöglich würde er ja unterwegs auch lernen, warum es oft so schwer und doch so wichtig ist, sich zu ändern, und vor allem, warum es unvermeidbar ist.

Noch am selben Abend fasste er den Entschluss, in der Tat einfach wieder zu verreisen. Und von dem Moment an, als er diese Entscheidung getroffen hatte, fühlte er sich gleich viel befreiter und lebendiger. Obwohl er sich noch gar nicht auf den Weg gemacht hatte, spürte er bereits die Kraft der Veränderung.

Mitten in der Nacht stand der kleine Buddha auf und packte seine Sachen. Bevor er losging, schrieb er noch eine Nachricht an all die Menschen, die am nächsten Morgen vergeblich auf ihn warten würden. Er entschuldigte sich bei ihnen für sein plötzliches Verschwinden und versprach, auf jeden Fall zurückzukehren. Er wusste zwar nicht genau, wie lange er wegbleiben würde, aber irgendwann würde er wiederkommen, dessen war er sich sicher. Jedenfalls so sicher, wie sich ein kleiner Buddha eben sicher sein kann.

Als er alles vorbereitet hatte, legte er den Zettel mit der Nachricht auf den flachen Stein, dort, wo er normalerweise saß. Dann verabschiedete er sich von seinem alten Bodhi-Baum und begab sich zum dritten Mal in seinem Leben auf eine Reise.

Der lächelnde Bettler

Während das ganze Land noch tief und fest schlief, marschierte der kleine Buddha einem neuen Kapitel seines Lebens entgegen. Über ihm strahlten die Sterne und vor ihm lag das große Unbekannte, dunkel wie die Nacht. Was würde ihn wohl unterwegs erwarten? Welche Orte würde er kennenlernen, welchen Menschen würde er begegnen? Worüber würde er sich freuen und was würde ihm Kummer bereiten?

Er wusste bereits, dass eine Reise immer viele verschiedene und unvorhergesehene Erfahrungen mit sich bringt. Neben wunderschönen und manchmal sogar magischen Erlebnissen gehören zu einer Reise aber auch anstrengende, ermüdende, traurige oder schmerzhafte Momente und dann fragt man sich, warum man nicht lieber zu Hause geblieben ist. Doch diese Höhen und Tiefen sind nun einmal Teil einer Reise. Mehr noch: Es sind genau diese Höhen und Tiefen, die eine Reise so aufregend machen!

Der Grund, warum der kleine Buddha mitten in der Nacht losgegangen war, hatte mit den vielen Menschen zu tun, die ihn jeden Tag unter seinem Baum besuchten. Wenn er den Wartenden erst einmal in die Augen geschaut hatte, dann musste er auch versuchen, ihnen zu helfen. Er konnte gar nicht anders, es war wie ein Instinkt. Zwar wusste er, dass die Menschen auch ohne ihn klarkommen würden, aber trotzdem fiel es ihm schwer, ihnen den Rücken zuzukehren. Da die ersten Besucher immer früh am Morgen kamen, war es also das Beste gewesen, schon mitten in der Nacht aufzubrechen und so gar nicht erst in Versuchung zu kommen, sein Vorhaben zu verschieben. Denn genau das wäre ansonsten passiert und dann hätte er es womöglich nie geschafft, ein weiteres Mal zu verreisen.

Als es allmählich hell wurde, war er bereits einige Stunden Fußmarsch von seinem Zuhause entfernt. Sein Leben unter dem Baum hatte er vorerst zurückgelassen. Das Einzige, was er mitgenommen hatte, war eine Umhängetasche mit einer warmen Decke und etwas Proviant. Mehr brauchte er nicht. Er fühlte sich leicht wie eine Feder und freute sich riesig, wieder unterwegs zu sein. Völlig frei der aufgehenden Sonne entgegenzuwandern – konnte es etwas Schöneres geben?

Nach einiger Zeit erreichte der kleine Buddha dieselbe Kreuzung, an der er schon auf seinen ersten beiden Reisen vorbeigekommen war. Beim ersten Mal war er geradeaus gegangen, in Richtung der großen Stadt. Beim zweiten Mal hatte er sich von einem Schmetterling leiten lassen und war nach rechts abgebogen, gen Süden. Da er stets neugierig war und alles ausprobieren wollte, brauchte er überhaupt nicht zu überlegen, welchen Weg er dieses Mal einschlagen sollte. Er blickte noch einmal zurück, nahm einen tiefen Atemzug und ging dann frohen Mutes nach links.

Den ganzen Morgen über wanderte er ohne Pause an flachen Hügeln entlang und vorbei an ausgedehnten Feldern. Dabei summte er eine fröhliche Melodie und fragte sich, warum er eigentlich nicht jeden Tag einen so schönen Spaziergang machte. Es war doch so einfach, glücklich zu sein.

Gegen Mittag kam er in ein kleines Dorf. Überall herrschten Ordnung und Sauberkeit, das fiel ihm sofort auf. Jede Straße und jeder noch so kleine Pfad war frei von Blättern und Ästen, alle Hecken waren ganz gerade geschnitten und jedes Haus schien frisch gestrichen. Die Einwohner des Dorfes mussten sehr beschäftigt sein, um alles so gut instand zu halten.

Er schlenderte gemächlich an einigen Läden vorbei und hielt Ausschau nach einem geeigneten Ort, wo er sich eine Weile ausruhen konnte. Vor einer Bäckerei erblickte er einen älteren Mann, der auf dem Boden saß. Er hatte dünne Arme und dünne Beine, einen großen runden Kopf und einen dichten Vollbart. Ähnlich wie der kleine Buddha war er mit einem sehr einfachen Umhang bekleidet und Schuhe hatte er auch keine. Vor ihm stand ein Holzbecher mit einigen Münzen.

„Ich wünsche dir einen herrlichen Tag", sagte der Mann.

Sofort blieb der kleine Buddha stehen.

„Das wünsche ich dir auch", erwiderte er und sah den Mann dabei neugierig an. „Warum sitzt du hier?", wollte er wissen.

„Ich habe momentan keine Arbeit und deswegen muss ich um Geld betteln, damit ich mir etwas zu essen kaufen kann. Du hast nicht zufällig ein paar Münzen übrig?"

„Nein", sagte der kleine Buddha, der nie Geld bei sich trug. „Aber ich habe etwas zu essen. Wenn du willst, gebe ich dir die Hälfte ab."

„Das wäre wunderbar", freute sich der Mann.

Also nahm der kleine Buddha den wenigen Proviant, den er mitgebracht hatte, aus seiner Tasche und setzte sich neben den Bettler auf den Boden. Zusammen verspeisten sie das leckere Brot und die beiden Äpfel.

„Wieso hast du denn kein Geld? Warst du schon immer ein Bettler?"

„Nein, früher hatte ich ein großes Haus und war sehr reich."

„Und wie kommt es, dass du jetzt auf der Straße lebst?"

Der Bettler zögerte einen Moment, bevor er antwortete.

„Ich habe Glück gehabt."

„Du hast Glück gehabt?", fragte der kleine Buddha erstaunt. „Du meinst Pech."

„Nein, du hast mich schon richtig verstanden. Ich habe verdammt viel Glück gehabt!"

„Das verstehe ich nicht."

Der Bettler lachte. Dann begann er zu erzählen:

„Früher habe ich als Gewürzhändler gearbeitet. Ich habe ganz besondere und wertvolle Gewürze eingekauft und sie dann an reiche Menschen weiterverkauft. Mein Geschäft lief hervorragend, so gut, dass ich jedes Jahr mehr zu tun hatte. Irgendwann hatte ich überhaupt keine Zeit mehr für andere Dinge, weder für Freunde noch für mich selbst, aber dafür hatte ich mehr Geld, als ich mir je erträumt hatte. Und ich wollte immer mehr haben! Eines Tages bekam ich dann ein Angebot von einem Händler aus einem anderen Land. Es ging um eine große Lieferung der teuersten Gewürze der Welt – eine Gelegenheit, auf einen Schlag unglaublich viel Geld zu verdienen. Allerdings musste ich dafür mein ganzes Vermögen investieren, um die Ware einzukaufen. Nachdem ich ihm all mein Geld gegeben hatte, wartete ich auf die Lieferung. Und ich wartete und wartete und wartete ...“

„Und dann?“, fragte der kleine Buddha, bereits ahnend, dass die Geschichte kein gutes Ende genommen hatte.

„Dann habe ich irgendwann herausgefunden, dass ich von meinem Geschäftspartner betrogen worden war. Mein ganzes Geld war verloren! Alles, was ich besaß, alles, für das ich so viele Jahre so hart gearbeitet hatte, war weg!“

„Das tut mir leid“, sagte der kleine Buddha mitfühlend. „Und du hast wirklich gar nichts wiederbekommen?“

„Nichts! Und es kam noch schlimmer: Ich wurde schrecklich krank und konnte nicht mehr arbeiten. Danach dauerte es nicht lange, bis ich mein Haus verkaufen musste und so bin ich dann auf der Straße gelandet.“

Für eine Weile schwiegen beide. Eine ältere Frau kam aus der Bäckerei und warf ihnen einen abfälligen Blick zu, fast so, als wären sie lästiger Dreck.

„Und wieso sagst du, dass alles, so wie es passiert ist, ein Glück war?", wollte der kleine Buddha wissen. „Du hast doch alles verloren, was du gehabt hast."

„Ja, das ist richtig. Aber ich habe auch etwas gewonnen."

„Ach ja? Was denn?"

„Zeit! Früher hatte ich viel Geld, aber ich musste ständig arbeiten. Heute habe ich zwar kein Geld mehr, aber dafür genügend Zeit, um das zu tun, was mich wirklich glücklich macht. Freunde besuchen, lange spazieren gehen oder einfach nur in Ruhe einen Sonnenuntergang anschauen."

Der kleine Buddha verstand den Bettler nur allzu gut. Er liebte es ebenfalls, viel Zeit für all diese schönen Dinge zu haben. Allerdings fragte er sich auch, wie es wohl war, wenn man viel Geld hatte. Vielleicht war es ja ein großartiges Gefühl, reich zu sein.

„Wie ist das, wenn man viel mehr Geld hat, als man braucht?"

Der Bettler dachte einen Moment nach.

„In bestimmten Situationen kann es durchaus hilfreich sein, etwas mehr zu haben. Zum Beispiel, wenn man krank ist und einen Arzt bezahlen muss. Und natürlich ist es schön, sich ein leckeres Essen in einem Restaurant leisten zu können oder neue Kleidung oder gar ein großes

Haus. Aber das Problem ist, dass man normalerweise sehr viel arbeiten muss, um viel Geld zu haben."

Nun war es der kleine Buddha, der kurz nachdachte.

„Bestimmt gibt es aber auch Leute, denen ihre Arbeit viel Spaß macht und die nichts dagegen haben, wenn sie viel arbeiten müssen."

„Sicher, die gibt es. Mir hat meine Arbeit ja auch Freude gemacht. Aber irgendwann habe ich fast nichts anderes mehr getan, weil ich besessen davon war, immer mehr Geld zu verdienen. Arbeiten, Essen, Schlafen – so sah mein Leben aus. Letzten Endes war der Preis, den ich für den Reichtum bezahlt habe, viel zu hoch."

Genau in diesem Moment wurde die Tür der Bäckerei heftig aufgestoßen und ein Mann in weißem Kittel stürmte heraus. Es war der Bäcker und er schien nicht besonders gut gelaunt zu sein.

„Wir wollen hier keine Bettler haben! Na los, haut ab!", schnaufte er wütend.

Der kleine Buddha war völlig entsetzt, schließlich saßen sie doch nur friedlich auf dem Boden und störten niemanden. Er wollte gerade etwas zu ihrer Verteidigung vorbringen, da sah er, wie der Bettler auf die unfreundlichen Worte des Bäckers mit einem Lächeln reagierte.

„Wir sind schon weg, kein Problem."

Der Bettler erhob sich, nahm den Holzbecher mit den Münzen und lenkte seine Schritte die Straße hinunter. Mit einem Kopfnicken lud er den kleinen Buddha ein, ihn zu begleiten. Dieser warf dem Bäcker noch einen grimmigen Blick zu, dann folgte er dem Bettler die Straße entlang.

„Warum lässt du dir das gefallen?", wollte er nach einigen Schritten wissen. „Wir haben ihm doch gar nichts getan."

„Das stimmt. Aber welchen Sinn hat es, sich aufzuregen? Ich habe mir angewöhnt, in solchen Situationen ruhig und freundlich zu bleiben und dann einfach zu gehen. Es ist besser, als sich jedes Mal zu streiten."

Der kleine Buddha bewunderte die Gelassenheit des Bettlers, er selbst war immer noch aufgebracht. Wie gemein der Bäcker gewesen war! Und anscheinend passierte so etwas öfter, er konnte es gar nicht glauben.

Schweigend gingen sie nebeneinander her, bis der Bettler neben einem anderen Geschäft stehen blieb, den Becher abstellte und sich erneut auf dem Boden niederließ. Der kleine Buddha setzte sich neben ihn.

„Fällt es dir gar nicht schwer, arm zu sein, nachdem du so reich warst?"

„Anfangs habe ich mich in der Tat furchtbar gefühlt", antwortete der Bettler. „Aber dann ist mir irgendwann klar geworden, dass das Armsein nur deswegen ein Problem war, weil ich dachte, dass ich ein reicher Mann sei. Und ein reicher Mann muss selbstverständlich viel Geld haben – er darf nicht arm sein! Ich habe also gelitten, weil ich dachte, dass mir etwas fehlt. Wie ein Ritter ohne Rüstung und Schwert habe ich mich nackt gefühlt, entmachtet und hilflos. Dabei ist ein Ritter in Wirklichkeit gar kein Ritter, genauso wie ein reicher Mann gar kein reicher Mann ist. Beide sind ganz normale Menschen – der eine mit Rüstung und Schwert, der andere mit viel Geld."

Der kleine Buddha starrte ihn leicht verwirrt an.

„Es ist ganz einfach", fuhr der Bettler fort. „In dem Moment, als ich aufgehört habe, mich als reichen Mann zu sehen, war es nicht mehr schlimm, arm zu sein."

„Du siehst dich jetzt also weder als einen reichen Mann noch als einen armen Mann", versuchte der kleine Buddha zu folgen.

„Genau! Und ohne diesen Stempel fällt es mir viel leichter, mich anzupassen, wenn sich meine Lebensumstände ändern. Mal bin ich reich und mal arm, aber immer bin ich ein Mensch. Das ist das Wichtigste."

In diesem Moment trat eine Frau zusammen mit ihrer jungen Tochter aus dem Geschäft, vor dem sie saßen. Nachdem die Frau ihrem Kind etwas zugeflüstert hatte, näherte sich das Mädchen schüchtern dem Bettler und warf zwei Münzen in den Holzbecher. Dann rannte es schnell wieder zu seiner Mutter zurück. Der Bettler bedankte sich herzlich und wünschte beiden einen schönen Tag.

„Willst du eigentlich nicht mehr arbeiten?", fragte der kleine Buddha, als sie wieder alleine waren. „Du könntest doch ..."

„... mir einen anderen Job suchen?"

Der kleine Buddha nickte.

„Natürlich möchte ich wieder arbeiten. Leider ist es aber nicht so leicht, eine Arbeit zu finden. Ich bin ja auch nicht mehr der Jüngste."

„Machst du dir Sorgen, dass du vielleicht immer arm sein wirst?"

Der Bettler musste schmunzeln.

„Nein, darüber mache ich mir keine Gedanken. Weißt du, das Leben hat mir gezeigt, dass der Reichtum nicht für immer andauern wird. Und das Gleiche gilt für die Armut – nichts ist für die Ewigkeit! Gestern war ich reich, heute bin ich arm und morgen, ja, das sehen wir dann ..."

Einige Passanten liefen vorbei, doch niemand blieb stehen. Nachdenklichkeit breitete sich aus. Stille. Der Bettler saß regungslos da und blickte starr vor sich auf den Boden. Er wirkte abwesend, als wäre er in einem fernen Traum versunken. Doch dann fing er auf einmal wieder an zu reden, ruhig und klar und mit großer Überzeugung.

„Dass mein Geschäftspartner mich so übel betrogen hat, war das Beste, was mir passieren konnte. Ich musste erst alles verlieren und in eine tiefe Lebenskrise stürzen, um herauszufinden, worauf es wirklich ankommt. Heute weiß ich, dass wahrer Reichtum mit Bescheidenheit zu tun hat – je weniger ich brauche, desto reicher bin ich! So gesehen bin ich meinem ehemaligen Partner sogar dankbar, denn alleine hätte ich vielleicht nie etwas an meiner Situation geändert und wäre nie richtig glücklich geworden."

Während er weiter auf den Boden sah, lächelte er zufrieden. Dann wandte er sich noch einmal an den kleinen Buddha.

„Neulich habe ich eine Geschichte gehört, die mich daran erinnert hat, dass in jeder Krise die Chance auf eine bessere Zukunft steckt. Soll ich sie dir erzählen?"

Sofort strahlte der kleine Buddha vor Vorfreude, denn er liebte Geschichten. Also begann der Bettler:

Es war einmal ein Bauer, der hatte den ganzen Tag über an allem etwas auszusetzen, an seiner Arbeit, seiner Ehefrau und an dem Ort, in dem er lebte.

Eines Tages verletzte er sich am Rücken und konnte die harte Arbeit auf dem Feld nicht weiter verrichten. Doch anstatt sich eine andere Arbeit zu suchen, blieb er von da an zu Hause und nörgelte noch viel mehr.

Einige Monate vergingen, dann verließ ihn seine Frau. Der Bauer war am Boden zerstört und schrieb ihr viele Briefe, in denen er sie beschuldigte, wie unglücklich sie ihn gemacht hatte. Und obwohl er mit ihr zusammen auch nicht glücklich gewesen war, flehte er sie an zurückzukommen. Doch sie kam nicht.

Alleine und ohne Arbeit igelte er sich in seinem Haus ein. Dabei wurde seine Laune immer schlechter und er beklagte sein Los mehr denn je. Dann geschah es, dass er eines Abends einen Stuhl zu nah am brennenden Kamin stehen ließ. Der Stuhl fing Feuer und kurz darauf stand das ganze Haus in Flammen. Nachdem er bereits seine Arbeit und seine Frau verloren hatte, wollte der Bauer unter keinen Umständen auch noch sein Haus verlieren. Er war fest entschlossen, sein Eigentum gegen das Feuer zu verteidigen. Doch es war ein vergeblicher Kampf und es dauerte nicht lange, bis der Bauer in Rauch und Flammen umkam.

Als er im Himmel Gott begegnete, beklagte er sich wütend und enttäuscht: „Ich wollte einfach nur glücklich sein, doch anstatt mir zu helfen, hast du mir ständig Steine in den Weg gelegt."

„Da hast du mich leider falsch verstanden", erwiderte Gott. „Als ich gesehen habe, dass du nicht glücklich bist und nur gemeckert hast, wollte ich dir sehr wohl helfen. Zuerst habe ich also dafür gesorgt, dass du die Arbeit auf dem Feld aufgeben musst, damit du dir einen anderen Beruf suchst. Dann habe ich dir deine Frau weggenommen, damit du nach einer glücklicheren Beziehung Ausschau hältst. Und schließlich wollte ich dich aus deinem Haus vertreiben, damit du einen Ort findest, an dem du nichts zu bemängeln hast. Aber du hast dich gegen alle diese Veränderungen gewehrt ..."

Der dicke Bürgermeister

Fast den ganzen Nachmittag verbrachte der kleine Buddha neben dem Bettler auf dem Boden. Da er es gewohnt war, jeden Tag viele Stunden auf einem Stein zu sitzen, machte dem kleinen Buddha der harte Untergrund zum Glück nichts aus. Im Gegenteil: Er saß gerne auf der Erde.

Ab und an kamen Leute vorbei und einige legten dem Bettler sogar etwas Geld in seinen Becher, wofür er sich jedes Mal sehr höflich bedankte. Die meiste Zeit waren die beiden jedoch alleine. Sie erzählten sich Geschichten aus ihrem Leben, lachten viel und hörten den Vögeln zu, wie sie fröhlich zwitschernd durch die Sommerluft flogen.

Doch dann war es mit der Ruhe plötzlich vorbei. Ein dicker Mann eilte auf sie zu. Mit hochrotem Kopf blieb er vor ihnen stehen.

„Ich bin der Bürgermeister", sagte er in schroffem Tonfall. „Wir wollen hier keine Bettler haben und deswegen fordere ich euch auf, umgehend unser Dorf zu verlassen!"

„Aber ...", fing der kleine Buddha an, doch der Bürgermeister ließ ihn nicht ausreden.

„Nichts aber! Wenn ich gleich wiederkomme, will ich hier niemanden mehr sehen. Ist das klar?"

Er warf den beiden noch einen drohenden Blick zu, dann wandte er sich ab und stapfte davon. Der Bettler reagierte wie schon einige Stunden zuvor bei dem Bäcker: Er erhob sich, nahm den Holzbecher mit den gesammelten Münzen und zog ohne Murren mit einem Lächeln und erhobenen Hauptes weiter. Der kleine Buddha gab sich dieses Mal allerdings nicht so leicht zufrieden. Er fühlte sich ungerecht behandelt und wollte unbedingt herausfinden, warum in diesem Dorf arme Menschen verjagt wurden – Menschen, die keine bösen Absichten hatten und einfach nur freundlich um etwas Hilfe baten. Anstatt also dem Bettler zu folgen, lief er dem Bürgermeister hinterher. Nach wenigen Metern hatte er ihn eingeholt.

„Warum bist du so gemein?", fragte der kleine Buddha.

„Ich bin nicht gemein", erwiderte der Bürgermeister, ohne auch nur einen Moment stehen zu bleiben oder wenigstens langsamer zu gehen.

„Doch, bist du wohl! Und der Bäcker auch!"

Es passierte nur sehr selten, dass der kleine Buddha so aufgebracht war. Am liebsten wollte er stets die Ruhe bewahren wie der lächelnde Bettler, aber auf manche Situationen konnte er einfach nicht gelassen reagieren. Vielleicht war er noch zu jung dafür. Von einigen alten Fischern, die er Jahre zuvor kennengelernt hatte, wusste er, dass Gelassenheit ein Geschenk des Alters ist. Also musste er sich wohl noch etwas gedulden, um völligen inneren Frieden zu erlangen. Jetzt gerade spürte er jedenfalls, wie der Zorn in ihm aufstieg, befeuert von der Ungerechtigkeit, die ihm und seinem neuen Freund entgegengebracht worden war.

„Wieso werden arme Menschen in diesem Dorf von allen vertrieben?"

„Weil wir hier keine Bettler dulden", antwortete der Bürgermeister im Gehen und würdigte den kleinen Buddha nicht einmal eines kurzen Blicks.

„Aber wieso wollt ihr hier keine Bettler haben?" Der kleine Buddha ließ nicht locker.

„Weil dies kein Dorf für Bettler ist!", schnauzte ihn der dicke Mann an. Dann blieb er abrupt stehen, holte einmal tief Luft und wischte sich mit einem Taschentuch die Schweißperlen von der Stirn. „Schau dich doch um! Alles ist sauber: die Wege, die Läden, selbst die Mülleimer! Die Häuser sind makellos in der gleichen Farbe gestrichen, die Blumenbeete sind vorbildlich gepflegt und alle Leute sind anständig gekleidet. Jeder weiß ganz genau, was er tun darf und was nicht. Hier herrschen Ordnung und Sauberkeit – es gibt keinen Platz für dreckige Bettler, die sich nicht an Regeln halten!"

„Aber ...", fing der kleine Buddha erneut an, doch der Bürgermeister eilte schon wieder weiter. Ob es überhaupt einen Sinn hatte, mit einem so unfreundlichen Kerl zu diskutieren? Doch der kleine Buddha wollte die Beleidigungen nicht einfach so hinnehmen und rannte dem Bürgermeister abermals hinterher.

„Nicht alle Bettler sind dreckig", stellte der kleine Buddha fest, als er wieder neben dem Bürgermeister angekommen war. Dieser stapfte unbeirrt seines Weges, musterte den kleinen Buddha aber immerhin von Kopf bis Fuß.

„Das stimmt, du bist nicht dreckig. Aber du bist ja auch gar kein richtiger Bettler."

„Ich könnte aber einer sein. Jedenfalls sehe ich nicht anders aus als mein Freund, den du eben verjagt hast."

„Aber dein Freund hat sich nicht an die Regeln gehalten, denn in unserem Dorf ist es nicht erlaubt zu betteln. Warum geht er nicht arbeiten? Den ganzen Tag sitzt er faul herum und dann sollen wir auch noch seine Faulheit unterstützen? Ein Schmarotzer, das ist dein Freund!"

Der Zorn, den der kleine Buddha gerade noch gefühlt hatte, wich einer tiefen Traurigkeit, ja er war fassungslos. Er verstand einfach nicht, wie jemand so über einen anderen Menschen urteilen konnte.

„Hast du dich schon einmal mit ihm unterhalten?", fragte er den Bürgermeister.

„Nein, natürlich nicht", erwiderte dieser, als gäbe es gar keine andere Antwort. „Wieso sollte ich auch?"

„Um seine Geschichte kennenzulernen. Es gibt schließlich einen Grund, warum er heute ein Bettler ist."

Der dicke Bürgermeister war mittlerweile ziemlich außer Atem und wurde deshalb immer langsamer.

„Er ist zwar glücklich", fuhr der kleine Buddha fort, „und er beschwert sich nicht, dass er arm ist. Aber freiwillig hat er seinen Reichtum nicht aufgegeben."

„Der Bettler war reich?", fragte der Bürgermeister sichtlich erstaunt, was der kleine Buddha mit einem Nicken bestätigte. Schließlich blieb der Bürgermeister schweißgebadet stehen, mitten auf dem leeren Marktplatz, und stützte erschöpft seine Hände in die Seite. Während er nach frischer Luft schnappte, erzählte ihm der kleine Buddha die Geschichte vom lächelnden Bettler. Wie er lange Zeit hart gearbeitet hatte, dann um sein Vermögen betrogen worden und schließlich auf der Straße gelandet war.

„Das tut mir leid für ihn", sagte der Bürgermeister, nachdem beide einige Momente geschwiegen hatten.

„Aber seine Geschichte zeigt genau, warum wir hier keine Bettler und am liebsten generell keine Fremden haben wollen. Irgendwann werden wir sonst nämlich auch betrogen oder ausgeraubt. Wir lieben die Ordnung und die Sauberkeit in unserem Dorf und die Tatsache, dass es allen Einwohnern gut geht. Und deswegen wollen wir, dass alles so bleibt, wie es ist."

Er wischte sich noch einmal den Schweiß von der Stirn, dann setzte er sich wieder in Bewegung. Der kleine Buddha ging langsam neben ihm her und schaute ihn dabei nachdenklich an.

„Was ist?", knurrte der Bürgermeister, der nicht verstand, was dieser Blick bedeuten sollte.

„Warum willst du, dass alles so bleibt, wie es ist?"

Der dicke Mann schien überrascht. „Mir geht es doch gut – warum sollte ich nicht wollen, dass alles so bleibt? Wenn es mir schlecht ginge, dann wollte ich natürlich, dass sich etwas ändert. Aber wenn es etwas Schönes im

Leben gibt, dann will man doch am liebsten, dass dieses Schöne von einer schützenden Hülle umgeben wird. Warum sollte das anders sein?"

Der Blick des kleinen Buddhas blieb kurz an dem schwabbelnden Bauch des Bürgermeisters hängen. Vielleicht war er so dick, weil er sich beschützt fühlen wollte. Vielleicht hatte er Angst, dass er ohne dieses sichere Fettpolster schnell verhungern könnte.

„Ich glaube, dass jeder Mensch Sicherheit braucht", fuhr der Bürgermeister fort. „Und da uns unser Dorf Sicherheit bietet, haben wir etwas dagegen, dass Bettler und Fremde hierherkommen. Denn das Unbekannte kann Gefahr bringen – nur das Bekannte ist sicher! Das musst du doch verstehen, oder?"

Während sie langsam weiter über den Marktplatz schritten, dachte der kleine Buddha an seinen alten Bodhi-Baum. Ja, er hoffte, dass der Baum immer gesund sein würde und dass es immer einen Platz für ihn dort geben würde. So gesehen konnte er den Wunsch nach Sicherheit in der Tat nachvollziehen.

„Aber was ist mit den Menschen, die keine Sicherheit haben? Nicht alle wohnen in einem schönen Dorf, das sie beschützt. Viele Menschen haben noch nicht einmal genügend zu essen. Versetze dich doch mal in die Lage des Bettlers – was würdest du denn tun?"

Der Bürgermeister wandte sich einen Moment seinem Begleiter zu, sah ihm aber nicht in die Augen. Die Frage war ihm unangenehm, weil er keine Antwort drauf hatte.

Jedenfalls keine Antwort, die seinen Standpunkt weiterhin verteidigt hätte.

„Wenn du arm wärst und Hunger leiden würdest, hättest du es doch bestimmt auch gerne, dass dir jemand hilft", fuhr der kleine Buddha mit ruhiger Stimme fort. „Vor allem, wenn du siehst, dass andere ganz viel haben und dir ohne Probleme etwas abgeben könnten."

„Ja, natürlich würde ich wollen, dass mir geholfen wird", gab der Bürgermeister kleinlaut zu. „Und natürlich könnten wir hier im Dorf auch etwas abgeben. Aber was ist, wenn so viele Bettler kommen, dass sie uns alles wegessen?"

„Dafür müssten aber ganz schön viele kommen", stellte der kleine Buddha nüchtern fest. „Viel mehr, als in eurem Dorf wohnen."

„Und was ist, wenn die dann hier nur rumsitzen und alles dreckig machen? Dann wäre unser Dorf nicht mehr dasselbe."

Nun war es der kleine Buddha, der abrupt stehen blieb.

„Wieso hast du eigentlich so viel Angst vor Veränderung?", wollte er wissen.

„Weil sich durch Veränderung alles verschlechtern könnte."

„Aber es könnte sich doch auch alles verbessern!", erwiderte der kleine Buddha. „Die Bettler könnten helfen, die Häuser immer wieder neu zu streichen, die Blumenbeete zu pflegen und die Wege in Ordnung zu halten.

Anstatt das Dorf dreckig zu machen, könnten sie es noch sauberer und schöner machen!"

Der Bürgermeister stutzte – darüber hatte er noch nie nachgedacht.

„Und wenn ihr ihnen dann die Arbeit bezahlt, wären es auch keine Bettler mehr. Ihr würdet euch also gegenseitig helfen!"

Es war genug für alle da, dessen war sich der kleine Buddha sicher. Allerdings nur, wenn diejenigen, die viel hatten, ihren Reichtum mit denjenigen teilten, die nichts hatten. Geld, Arbeit, Essen – gab es einen Grund, alles für sich alleine zu behalten?

„Aber wir kennen diese Leute doch überhaupt nicht", merkte der Bürgermeister skeptisch und auch etwas ängstlich an. „Was ist, wenn wir Fremde ins Dorf lassen und sich herausstellt, dass einige von ihnen Verbrecher sind?"

Der kleine Buddha verdrehte innerlich die Augen. ‚Der Bürgermeister ist wirklich ein sehr misstrauischer Mensch', dachte er sich. Für einen Moment überlegte er, was er am besten erwidern könnte.

„Natürlich kann so etwas passieren, aber meinst du, dass es eine gute Idee ist, deswegen alle unbekannten Leute direkt wie Verbrecher zu behandeln? Es würde bestimmt helfen, wenn du erst einmal nett zu den Fremden wärst und sie nicht einfach verjagst, so wie du es vorhin mit mir und dem Bettler gemacht hast."

Der Bürgermeister sah ihn leicht beschämt an.

„Versuche doch einfach, den nächsten Bettler, der in euer Dorf kommt, etwas näher kennenzulernen. Rede mit ihm und finde heraus, was er für ein Mensch ist. Auf diese Weise wird das Unbekannte ein wenig bekannter und hört auf, etwas zu sein, vor dem du Angst haben musst."

Mit diesen Worten verabschiedete sich der kleine Buddha und ließ den Bürgermeister alleine zurück. Er hatte das Gefühl, dass es ein guter Zeitpunkt war zu gehen.

Eine halbe Stunde lief er kreuz und quer durch das Dorf und suchte den Bettler. Doch nirgendwo war er zu finden – wahrscheinlich war er weitergezogen, nachdem er an diesem Tag bereits zwei Mal vertrieben worden war. Der kleine Buddha konnte ihn gut verstehen. Auch wenn er und der Bürgermeister zum Schluss friedlich auseinandergegangen waren, fühlte er sich dennoch in dem Dorf nicht richtig wohl. Und wenn man an einem Ort nicht wirklich willkommen war, wozu sollte man dann bleiben?

Mit der untergehenden Sonne verließ auch der kleine Buddha das Dorf. Während er der Dunkelheit entgegenspazierte, dachte er über die Unterhaltung mit dem dicken Bürgermeister nach. Vor allem der Wunsch nach Sicherheit ging ihm nicht mehr aus dem Kopf. So normal dieser Wunsch auch sein mochte – der kleine Buddha bezweifelte, dass es vollkommene Sicherheit überhaupt gab. Und sich an etwas klammern, das es gar nicht gab – konnte das gut gehen?

Letzten Endes bleibt einem gar nichts anderes übrig, als sich mit der Ungewissheit anzufreunden und mutig nach vorne zu blicken, dachte der kleine Buddha. Das ist besonders auf einer Reise so, trifft aber eigentlich auf das ganze Leben zu. Jeder Tag ist anders und niemand weiß, was genau passieren wird.

Die verliebte Akrobatin

Als es schon fast ganz dunkel war, erreichte der kleine Buddha eine weitere Kreuzung. Er ließ sich nieder, um eine Pause zu machen und zu überlegen, in welche Richtung er weitergehen sollte. Während er allmählich zur Ruhe kam, umgeben von Stille und weiten Feldern, wurde ihm bewusst, was für ein langer Tag dies war. Mitten in der Nacht war er von zu Hause aufgebrochen und war viele Stunden zu Fuß gegangen; er hatte den lächelnden Bettler getroffen und den dicken Bürgermeister und nun lag das letzte Dorf auch schon wieder ein paar Kilometer hinter ihm. Er merkte, wie müde er war. Seine Beine und Füße taten weh und er fühlte sich, als wäre plötzlich alle Kraft aus seinem Körper gewichen. Nur kurz wollte er die Augen schließen, um sich ein wenig auszuruhen. Doch er hatte seine Müdigkeit unterschätzt: Nach nur wenigen Augenblicken war er direkt am Wegesrand im Sitzen eingeschlafen.

Am nächsten Tag stand die Sonne bereits hoch am Himmel, als der kleine Buddha von einem leichten Rütteln geweckt wurde.

„Geht es dir gut?", fragte eine besorgte Stimme. Ganz benommen schlug er die Augen auf. Er lag auf der Seite auf dem Boden, sein Arm unter seinem Bauch. Im Schlaf war er doch glatt wie eine wackelige Statue zur Seite umgefallen.

„Alles in Ordnung?", wollte die fremde Stimme erneut wissen.

„Ja", antwortete der kleine Buddha und richtete sich mühsam auf. Vor ihm stand eine Gruppe sehr bunt gekleideter Menschen. Zwei Frauen konnte er mit seinen blinzelnden Augen ausmachen, nein drei, und dazu eine Handvoll Männer. Einer von ihnen bückte sich und reichte dem kleinen Buddha eine Schale mit Haferbrei.

„Hier, du hast bestimmt Hunger."

Mit einem breiten Lächeln nahm er das Essen dankend an.

„Ihr seht aber lustig aus", stellte er fest und löffelte genüsslich sein Frühstück. „Wer seid ihr überhaupt und was macht ihr hier?"

Ein Mann mit wuscheligen Haaren und großen, abstehenden Ohren trat vor.

„Wir sind eine Zirkusgruppe!", verkündete er stolz.

„Eine Zirkusgruppe?", wollte der kleine Buddha erstaunt und neugierig zugleich wissen.

„Genau! Wir reisen umher, immer auf der Suche nach Orten, wo wir unsere Künste zeigen können. Du kennst nicht zufällig ein nahegelegenes Dorf, am besten mit einem großen Marktplatz?"

„Doch, ich kenne eins, gar nicht weit von hier", erwiderte der kleine Buddha zögernd und sah die sonderbar gekleideten Zirkusleute der Reihe nach an. „Allerdings bin ich mir nicht sicher, ob das für euch der beste Ort ist. Die Menschen dort sind Fremden gegenüber nicht sehr aufgeschlossen." In dem Moment, als er das letzte Wort gesprochen hatte, bereute er auch schon, überhaupt etwas gesagt zu haben. Es stand ihm schließlich nicht zu, schlecht über das Dorf zu reden und die Einwohner zu verurteilen – jeder sollte sich am besten selbst ein Bild machen.

„Ihr könnt es aber natürlich versuchen, vielleicht habt ihr ja mehr Glück", fügte er schnell hinzu. Aber es war schon zu spät.

„Da will ich nicht hin", stellte eine der Frauen bereits fest. „Wenn die Menschen unfreundlich sind, wird es keinen Spaß machen, dort aufzutreten. Und verdienen werden wir auch kaum etwas."

Die anderen stimmten ihr zu. Niemand von ihnen wollte an einen Ort, an dem sie von vornherein unerwünscht waren.

„Dann lasst uns in die entgegengesetzte Richtung fahren, nach Osten", schlug der Mann mit den abstehenden Ohren vor.

„Fahren?", fragte der kleine Buddha verwundert.

Gleich mehrere Blicke deuteten über seine Schulter zu dem Teil der Kreuzung hinter seinem Rücken. Als er sich umdrehte, erblickte der kleine Buddha drei außergewöhnliche Kutschen. Sie sahen aus wie kleine Holzhäuser, nur eben auf Rädern. Vor jedes Gefährt war ein Esel gespannt und alle drei Wagen waren bunt bemalt – passend zur Kleidung der Zirkusleute.

„Und du, was hast du vor?", wollte ein anderer Mann wissen.

Der kleine Buddha zuckte mit den Schultern. Er hatte keine Pläne gemacht und wusste daher nicht, wohin seine Reise als Nächstes führte. Allerdings war seine Neugier erwacht und er wollte mehr über das Leben der Zirkusleute erfahren.

„Ich würde gerne eine Aufführung von euch sehen – darf ich ein Stück mitkommen?"

„Natürlich!", riefen alle Zirkusleute gleichzeitig und zauberten damit ein entzücktes Lächeln auf das Gesicht ihres neuen Begleiters.

Sie bestiegen die Wagen und fuhren los. Unterwegs stellte der kleine Buddha viele Fragen, wie er es immer tat, wenn er neue Bekanntschaften machte. Er wollte alles wissen: wie lange sie schon unterwegs waren, wo sie herkamen und wie sie sich alle kennengelernt hatten; ob sie genügend Geld mit ihrer Arbeit verdienten, wo sie die lustige Kleidung kauften und wer die Wagen angemalt hatte. Vor allem aber interessierte ihn, welche Rolle jeder in dem kleinen Zirkus einnahm. Doch diese letzte Frage war die einzige, die ihm nicht direkt beantwortet wurde. „Lass dich überraschen!", war alles, was er zu hören bekam.

Zum Glück musste er sich nicht allzu lange gedulden, denn schon am frühen Nachmittag erreichte die Kolonne das nächste Dorf. Die Einwohner dort freuten sich riesig über den überraschenden Besuch und versammelten sich in Windeseile auf dem Platz, wo die bunten Wagen abgestellt worden waren. Die Zirkusleute brauchten eine halbe Stunde, um eine kleine Bühne aufzubauen und alles vorzubereiten, dann begann die Aufführung. Der kleine Buddha mischte sich unters Publikum und kam aus dem Staunen nicht mehr heraus. Es war ein großartiges Spektakel!

Der Mann mit den abstehenden Ohren und der wuscheligen Haarpracht trat als lustiger Clown auf; er kündigte auch die Auftritte der anderen an. Nach einer kurzen Begrüßung zeigte als Erster ein fantastischer Jongleur mit Bällen, Keulen und Tassen seine Kunst. Sogar die Schuhe einiger Zuschauer ließ er wild durch die Luft fliegen. Anschließend zeigte ein Akrobatenpaar, zu was der menschliche Körper imstande ist. Dann war wieder der Clown an der Reihe, bevor ein Feuerschlucker den Dorfbewohnern fast den Atem raubte. Begleitet wurde die gesamte Aufführung von zwei Trommlerinnen, die zwischendurch auch begeisternde Tanzeinlagen boten, und einem jungen Mann, der abwechselnd Gitarre und Trompete spielte. Für die Aufführung gab es tosenden Applaus und die Zirkusleute bedankten sich mit einer kleinen Zugabe.

Am Abend folgte ein weiterer erfolgreicher Auftritt und am nächsten Morgen noch einer. Der kleine Buddha hatte riesengroßen Spaß und war völlig begeistert von den verschiedenen Künstlern. Wie gerne er noch länger mit ihnen zusammen reisen würde. Auf seine etwas zögernde Frage nickten alle voller Zustimmung und so kam es, dass der kleine Buddha für eine Weile ein Teil der Zirkusgruppe wurde.

Für etwas Essen und einen Schlafplatz half er, wo er nur konnte. Er fütterte die Esel, machte die Wagen sauber, half bei den Vorbereitungen für die Aufführungen und wenn es ein besonders großes Publikum gab, unterstützte er den Clown nach dem Auftritt dabei, mit einem Hut Geld zu sammeln.

Überall, wo sie hinkamen, machten sie die Menschen glücklich. Einer der Gründe, warum die Zirkusleute so viel Freude versprühten – da war sich der kleine Buddha sicher –, lag darin, dass sie selber viel Freude am Leben hatten. Wenn sie tagsüber unterwegs waren, erzählten sie sich gegenseitig aufregende Geschichten und erfreuten sich an den einzigartigen Landschaften, die sie durchquerten. Regelmäßig legten sie Pausen ein und übten neue Kunststücke und arbeiteten an ihren Darbietungen. Der kleine Buddha entwickelte bald selbst eine große Leidenschaft fürs Jonglieren und wurde zu einem fleißigen Schüler des Jongleurs. Abends nach den Auftritten aßen sie gemeinsam und danach sangen und tanzten sie bis spät in die Nacht hinein. Es war eine wunderbare Zeit und sie alle genossen jeden Moment in vollen Zügen.

Der kleine Buddha hatte sich schnell mit allen Zirkusleuten angefreundet. Besonders die Akrobatin hatte es ihm angetan, weil sie von allen am meisten Glück ausstrahlte. Während der Aufführungen wirbelte sie auf den Händen und Füßen ihres Partners durch die Luft und auch ansonsten schien sie wie eine leichte Feder zu schweben.

Ganz gleich, was sie tat – man bekam den Eindruck, als segelte sie ständig auf einer Wolke des Glücks.

Eines Tages saß er mit ihr alleine auf einem der Wagendächer. Während seiner Zeit mit der Zirkusgruppe war das sein absoluter Lieblingsort; am späten Nachmittag konnte er von hier oben den Sonnenuntergang besonders gut bewundern.

„Wie kommt es, dass du so glücklich bist?", wollte er von ihr wissen.

„Findest du, dass ich besonders glücklich wirke?"

„Ja, finde ich. Neulich habe ich dich sogar beobachtet, wie du alleine im Regen getanzt hast."

Sie lachte. „Und hast du gedacht, dass ich verrückt bin?"

„Nein", antwortete der kleine Buddha sogleich, „warum sollte ich das denken?"

„Weil die meisten Leute so reagieren, wenn sie jemanden im Regen tanzen sehen. Dabei macht es so viel Spaß!" Ihre Augen funkelten vor Freude, als sie das sagte. „Aber du hast recht: Ich bin in der Tat sehr glücklich im Moment."

„Und warum?", fragte der kleine Buddha, der immer geduldig nachhakte, wenn seine ursprüngliche Frage noch unbeantwortet geblieben war.

„Weil ich eine Arbeit habe, die mir unglaublich viel Freude bereitet", sagte sie. „Und weil ich wunderbare Menschen um mich herum habe, weil ich gesund bin und genug zu essen habe. Und ..." Sie zögerte einen Moment. „Und weil ich verliebt bin."

Der kleine Buddha wusste natürlich schon längst, dass die Akrobatin und der Akrobat nicht nur auf der Bühne ein Paar waren.

„Aber ich habe noch nie einen verliebten Menschen gesehen, der so glücklich ist wie du", sagte er.

Die Akrobatin lächelte, fast ein wenig verlegen.

„Vielleicht liegt es daran, dass ich verliebter bin als je zuvor. Und", fügte sie nachdenklich hinzu, „außerdem bin ich glücklich, weil ich vor einiger Zeit eine schwere Entscheidung getroffen habe und sich nun herausgestellt hat, dass meine Wahl richtig gewesen ist."

„Was denn für eine Entscheidung?"

Sie atmete einmal tief ein und aus, wandte ihren Blick in Richtung der rötlich schimmernden Sonne und begann zu erzählen.

„Vor einigen Jahren hatte ich einen Verlobten. Uns ging es gut und wir hatten viele gemeinsame Pläne. Irgendwann habe ich dann allerdings gemerkt, dass wir uns beide im Inneren sehr verändert hatten – und zwar in unterschiedliche Richtungen. Wir waren immer noch ein nettes Paar, aber wirklich glücklich waren wir schon lange nicht mehr. Da wir uns aneinander gewöhnt hatten, fiel es uns jedoch sehr schwer, unser Zusammensein zu beenden. Wir wussten, dass es das Beste war, getrennte Wege zu gehen, aber wir hatten beide Angst davor, alleine zu sein. Keiner von uns traute sich, das Bekannte aufzugeben. Bis ich dann eines Tages aufgewacht bin und gespürt habe, dass die Zeit gekommen war, mich zu entscheiden:

entweder gemeinsam in einem sicheren Hafen alt werden oder alleine ins große Unbekannte aufbrechen und vielleicht wieder richtig glücklich werden. Festhalten oder loslassen – beides zusammen war nicht möglich."

Sie schwieg eine Weile.

„Glaube mir, bei der Entscheidung habe ich unglaublich gelitten. Es ist verdammt schwer, sich von einem Menschen zu verabschieden, den man einst heiraten wollte. Aber irgendwann gab es kein Zurück mehr, weil ich mit meinem Herzen schon losgelassen hatte."

Wieder war es still. Dann begann die Akrobatin übers ganze Gesicht zu strahlen.

„Und von dem Moment an, als ich die Entscheidung getroffen und das Unbekannte betreten hatte, habe ich mich gut gefühlt und alles hat sich zum Besseren gewandelt. Erst bin ich als Akrobatin in der Zirkusgruppe aufgenommen worden und das war schon immer mein Traum. Und kurz darauf habe ich die bisher größte Liebe meines Lebens kennengelernt."

Einige Tränen der Erleichterung und Dankbarkeit kullerten ihre Wangen hinunter.

„Weißt du", fuhr sie fort und wandte sich dem kleinen Buddha zu, „wir Menschen klammern uns an das, was wir kennen, weil wir Angst vor dem Unbekannten haben. Manchmal lohnt es sich allerdings, den Mut aufzubringen, um sich von dem Bekannten zu lösen. Hätte ich das nicht getan, hätte ich womöglich nie im Leben so viel Glück wie jetzt erfahren. Oder anders ausgedrückt: Um der Zukunft die Chance zu geben, besser zu werden, musst du die Vergangenheit loslassen!"

Sie lächelten sich an, oben auf dem Wagendach sitzend, im Hintergrund die untergehende Sonne.

„Es hätte allerdings auch anders für dich enden können", wandte der kleine Buddha ein. „Hättest du niemanden getroffen, wärst du heute alleine."

„Ja, natürlich", stimmte die verliebte Akrobatin zu. „Und ich weiß auch nicht, wie lange mein Glück anhalten wird – schließlich kann sich jederzeit alles ändern." Das erste Mal waren Sorgenfalten in ihrem Gesicht zu erkennen. „So ist das halt mit dem konstanten Wandel des Lebens: Er macht Hoffnung, wenn es dir schlecht geht, und Angst, wenn es dir gut geht."

Ein warmer Windhauch strich über ihre Gesichter. Der kleine Buddha dachte an den lächelnden Bettler, dem es zwar nicht schlecht ging, der aber hoffte, irgendwann wieder eine Arbeit zu finden. Und dann erinnerte er sich an den dicken Bürgermeister, dem es gut ging und der deswegen Angst vor Veränderung hatte. Hoffnung und Angst, Angst und Hoffnung – manchmal schien es, als pendelte man das ganze Leben zwischen diesen beiden Gefühlen hin und her.

„Warst du auch schon einmal verliebt?", wollte die Zirkuskünstlerin nach einer Weile von ihm wissen.

„Ja, aber nicht lange."

Nun war sie es, die ihn fragend ansah. Also erzählte ihr der kleine Buddha von seiner Erfahrung mit der Liebe.

Plötzlich war sie in seinem Leben aufgetaucht und hatte alles auf den Kopf gestellt. Das Verliebtsein, es war in der Tat ein einzigartiges Gefühl, das jeden Menschen verzaubert! Doch wie alles andere im Leben ist auch das Verliebtsein nicht von ewiger Dauer. Mal hält es länger, mal kürzer, doch nie bleibt es für immer. Der kleine Buddha hatte das selbst leidvoll erfahren müssen – genauso schnell, wie er sich verliebt hatte, hatte er sich eines Tages auch wieder entliebt. Anfangs war er frustriert und enttäuscht gewesen und hatte nicht verstanden, wie sich seine Gefühle so rasch ändern konnten. Doch letzten Endes hat ihm die schwierige Situation geholfen, etwas ganz Wichtiges über das Leben zu lernen: Es gibt nichts, gar nichts, an dem man sich festhalten kann, weil nichts ewig andauert. Selbst etwas so Wunderbares wie die Liebe vergeht irgendwann.

„Es kommt allerdings auf die Art von Liebe an", ergänzte die Akrobatin, während die Sonne langsam am Horizont versank. „Ich finde, Liebe im Allgemeinen ist sehr wohl eine Konstante, an der man sich auch gerade in schlechten Zeiten festhalten kann. Hingegen romantische Liebe – nein, die existiert tatsächlich nicht zum Festhalten, sondern nur zum Genießen!"

Der gefangene Dompteur

Das Leben mit der Zirkusgruppe war ein echtes Vergnügen! Sie reisten von Dorf zu Dorf und zu ihren fantastischen Auftritten kamen manchmal über hundert Zuschauer. Und auch das Unterwegssein war aufregend: Mal fuhren sie durch gigantische Schluchten, mal über wackelige Brücken und einmal mussten sie sogar alle zusammen die bunten Kutschenwagen durch einen reißenden Bach schieben. Sie badeten in kristallklaren Seen, bewunderten traumhafte Sonnenuntergänge und verbrachten gemütliche Abende am Lagerfeuer. Was den kleinen Buddha allerdings am meisten begeisterte, war die Musik.

Jeder der Zirkusleute spielte mindestens ein Instrument und so verging kaum ein Moment, an dem nicht von irgendwoher eine schöne Melodie erklang. Neben den Trommeln, der Trompete und der Gitarre hatten sie noch zwei Flöten, einige Rasseln, eine Bogenharfe sowie eine große Ziehharmonika dabei. Ganz gleich, wo sie waren und was sie machten – Musik war ihr ständiger Begleiter! Und am besten war es natürlich, wenn sie alle zusammenspielten. Auch der kleine Buddha machte manchmal mit. Entweder nahm er sich eine der Rasseln, trommelte ein wenig oder summte einfach. Er lernte schnell, dass man kein professioneller Musiker sein muss, um bei einem Lied mitzuwirken – jeder kann einige Töne beisteuern und sich so durch die Musik mit den anderen verbinden. Und wenn das geschieht, dann verbreitet sich tief im Inneren ein ganz besonderes Gefühl.

Vielleicht war das sogar der Hauptgrund, warum die Zirkusleute so viel Freude am Leben hatten: Vieles, was sie machten, brachte sie näher zusammen. Der kleine Buddha erlebte das auch beim Jonglieren. Mittlerweile war er so gut, dass er und der Jongleur die Bälle hin- und herwerfen konnten. Sechs Bälle flogen dann gleichzeitig zwischen ihren Händen durch die Luft und dabei fühlten sie sich vereint, obwohl sie sich gegenseitig nicht berührten. Das Akrobatenpaar kannte diese Verbundenheit ebenfalls und auch die tanzenden Trommlerinnen wussten darum. Musizieren, jonglieren oder gemeinsam den Kutschenwagen durch den Bach schieben – bei all diesen Tätigkeiten entwickelte sich ein Gefühl von intensiver Verbundenheit. Gemeinsam erreichten sie etwas und alle fühlten sich dabei als Teil des Ganzen.

Nach einigen Wochen trafen sie auf dem Marktplatz einer kleinen Ortschaft einen anderen Wanderzirkus. Die beiden Gruppen kannten sich zwar nicht, beschlossen aber trotzdem ganz spontan, gemeinsam aufzutreten. Es war genau einer dieser Momente, die zeigten, warum der kleine Buddha das Zirkusleben so sehr mochte: Sie alle ließen sich von einer zufälligen Begegnung dazu inspirieren, etwas völlig Ungeplantes zu tun: einfach so – ohne Zögern und ohne Angst.

Durch den Zusammenschluss der beiden Gruppen verdoppelte sich die Anzahl der Darsteller und die Vielfalt bei den Aufführungen nahm ebenfalls zu. Neben weiteren Clowns, Akrobaten, Jongleuren und Musikern traten nun auch ein Bärendompteur, ein Messerwerfer und eine Zauberin auf. Dazu der Feuerschlucker und ein leuchtender Vollmond – die Einwohner konnten sich auf einen spektakulären Auftritt mit fast zwanzig faszinierenden Akteuren freuen! Und in der Tat: Sowohl für die Zuschauer als auch für die Zirkusleute wurde es eine ganz besondere Aufführung, berührt von einem magischen Schleier und voller ausgelassener Momente und großem Staunen.

Nach der letzten Zugabe feierten sie ein großes Fest, an dem sich der halbe Ort beteiligte. Köstliches Essen wurde zubereitet, Getränke wurden ausgeschenkt und die Instrumente verteilt. Die Stimmung war ausgelassen, alle erzählten lustige Geschichten, tanzten und freuten sich, dabei zu sein.

Der kleine Buddha befand sich mittendrin im fröhlichen Getümmel, als er plötzlich jemanden bemerkte, der am Rande des Marktplatzes ganz alleine vor einem der Wagen saß. Als er sich näherte, erkannte er den Dompteur, der mit dem Rücken gegen den Bärenkäfig lehnte. In seiner Hand hielt er eine Flasche Schnaps und seine Augen waren blicklos auf eine leere Hauswand gerichtet.

„Warum kommst du nicht zu uns?"

„Mir ist nicht nach Feiern zumute", brummte der Dompteur, ohne seinen Blick von der Wand zu nehmen. Direkt hinter ihm lag der Bär im Käfig und schlief.

„Warum ist dir denn nicht nach Feiern zumute?"

Der Dompteur zuckte mit den Schultern und trank einen Schluck aus der Schnapsflasche. Er wirkte scheinbar gleichgültig, doch bei näherem Hinsehen erkannte der kleine Buddha in dem versteinerten Gesichtsausdruck Furcht und Traurigkeit. Die Augen können die wahren Gefühle nie verbergen.

„Hattest du einen schlechten Tag?", fragte der kleine Buddha und setzte sich hin, um dem Dompteur etwas Gesellschaft zu leisten.

Dieser schwieg eine Weile. Dann nahm er einen weiteren Schluck aus der Flasche und wandte sich dem kleinen Buddha zu.

„Nein, ich hatte keinen schlechten Tag – das ganze Jahr ist bereits schlecht! Und das letzte war ebenfalls mies und das davor auch."

„Oh, das tut mir leid", sagte der kleine Buddha mitfühlend.

„Es muss dir nicht leidtun, schließlich ist es meine eigene Schuld. Ich weiß nur nicht, wie ich es ändern soll."

„Vielleicht kann ich dir helfen", bot der kleine Buddha an. Er wusste zwar nicht, warum es dem Dompteur schlecht ging, aber bisher war er keinem Problem begegnet, das nicht irgendwie zu lösen war.

„Geh du ruhig und genieße das Fest. Ich muss mit meiner Situation alleine zurechtkommen."

„Aber manchmal hilft es, seine Sorgen mit jemandem zu teilen." Der kleine Buddha machte keinerlei Anstalten aufzustehen. „Ich kann auch später noch zu den anderen zurückgehen."

Der Dompteur zögerte, denn eigentlich wollte er alleine sein und sich betrinken. Der Schnaps half zwar nicht, sein Problem zu lösen, aber wenigstens wurde so sein Leid etwas erträglicher. Er war jedoch auch dankbar, dass der kleine Buddha mit ihm reden wollte. Denn mit oder ohne Schnaps – ignoriert zu werden tut immer weh.

„Es ist der Bär."

Der kleine Buddha guckte in den Käfig.

„Was ist denn mit dem Bären? Ist er krank?"

„Nein, aber er ist nicht glücklich."

„Woher weißt du das?", wunderte sich der kleine Buddha.

„Schau ihn dir doch an", erwiderte der Dompteur mit bedrückter Stimme. „Eingesperrt hinter Gittern – was für ein trostloses Leben!"

Dem kleinen Buddha wurde mit einem Mal klar, wie naiv er gewesen war. Er hatte den Bären bisher nur bei der Aufführung gesehen, wie er auf der Bühne getanzt und die Leute unterhalten hatte. Ohne böse Absicht hatte er völlig ignoriert, dass es sich um ein Raubtier handelte und dass der Bär deswegen nicht frei unter Menschen leben konnte.

„Muss er denn viel Zeit im Käfig verbringen?"

„Ja, eigentlich fast immer", erwiderte der Dompteur. „Nur für die Proben und die Auftritte darf er raus, also höchstens eine Stunde am Tag. Die restliche Zeit ist er eingesperrt. Ihn frei laufen zu lassen wäre viel zu gefährlich. Ein freier Bär macht den Menschen nämlich Angst und da er die Angst der Menschen spürt, würde er auch selbst nervös werden. Und wenn er nervös ist und dazu frei herumläuft, dann glaube mir, dass du ihm lieber nicht begegnen möchtest, schon gar nicht in einem Dorf. Folglich muss der Arme also meistens hinter Gittern bleiben."

Beide drehten sich um und betrachteten den Bären, der friedlich in seinem Käfig schlief. Auch dem kleinen Buddha tat er nun schrecklich leid. So ein großes Tier gefangen in einem so kleinen Kasten – es war ein sehr trauriger Anblick, erschütternd und herzzerreißend.

„Und warum lässt du ihn nicht einfach frei? Du könntest ihn doch zum Beispiel in einem Wald in die Freiheit entlassen."

„Natürlich könnte ich das. Und du hast vollkommen recht: Für ein wildes Wesen wie ihn wäre der Wald ein viel besserer Ort zum Leben. Aber ..."

Beschämt ließ er den Kopf hängen.

„Aber?", fragte der kleine Buddha vorsichtig.

Der Dompteur nahm einen weiteren Schluck aus der Schnapsflasche und holte tief Luft, bevor er zögernd antwortete.

„Wenn ich ihn freilasse, hätte ich keine Arbeit mehr."

Da war er, der wahre Grund, warum es ihm schlecht ging. Der kleine Buddha verstand sein Problem, versuchte aber trotzdem, ihn sogleich zu ermutigen.

„Meinst du denn nicht, dass du einen anderen Job finden würdest?"

„Ich weiß nicht. Schon mein Vater war ein Dompteur und mein Großvater ebenfalls. Ich habe noch nie etwas anderes gemacht – das Einzige, was ich gut kann, ist mit einem Bären zu arbeiten."

„Aber bestimmt könntest du auch eine andere Tätigkeit lernen und diese dann genauso gut ausüben. Es gibt doch so viele Dinge, die man tun kann, und so viele Fähigkeiten, die gebraucht werden. Ich bin mir sicher, dass du etwas finden würdest."

„Und was, wenn nicht? Was, wenn ich keine andere Arbeit finde? Wie soll ich dann überleben?"

Sie sahen sich an und schwiegen eine Weile. Im Hintergrund war der fröhliche Gesang der feiernden Menschen zu hören.

„Ich mag meine Arbeit", fuhr der Dompteur schließlich fort, „aber ich hasse es, den armen Bären hinter Gittern zu sehen. Es ist eine schrecklich frustrierende Situation für mich! Ich weiß, dass er in der Wildnis viel glücklicher wäre, und deswegen würde es mir selbst auch besser gehen, wenn ich ihn freiließe. Aber ich traue mich einfach nicht, meinen Job aufzugeben und einen Schritt ins Unbekannte zu wagen."

Der kleine Buddha fühlte sowohl mit dem Bären als auch mit dem Dompteur. Beide waren gefangen – der eine im Käfig, der andere in seiner Angst.

„Wieso fürchtest du dich denn so sehr vor dem Unbekannten?"

„Das habe ich dir doch schon erzählt", brummte der Dompteur etwas unwirsch. „Was ist, wenn ich keine neue Arbeit finde?" Er überlegte kurz. „Das ist, wie wenn du von Baum zu Baum kletterst: Um dich von einem Ast zum nächsten zu hangeln, musst du die eine Hand loslassen, damit du den nächsten Ast greifen kannst. Aber in dem Moment, in dem du loslässt und den nächsten Ast noch nicht ergriffen hast, in dem Moment ist deine Hand halt frei und du könntest auch abstürzen."

Der kleine Buddha wusste zuerst nicht, was er darauf sagen sollte. Der Dompteur hatte natürlich recht: Beim Loslassen bestand immer das Risiko abzustürzen.

„Aber auch der Ast, an dem du dich festhältst, kann jederzeit abbrechen. Was wäre, wenn der Bär morgen stirbt? Dann müsstest du dir doch auch eine andere Arbeit suchen."

„Daran will ich gar nicht denken", erwiderte der Dompteur sofort. Allein die Angst vor dieser Vorstellung ließ ihn erschaudern. „Ich glaube, wenn er sterben würde, bevor er noch einmal frei durch den Wald laufen kann … Das würde ich mir nie verzeihen!"

Beide wandten sich erneut um und sahen durch die Gitterstäbe.

„Ich frage mich, was für dich größer ist", begann der kleine Buddha, während er auf den schlafenden Bären starrte. „Die Angst, ihn eines Tages tot im Käfig liegen zu sehen, oder die Angst, womöglich keine neue Arbeit zu finden?"

Gleichzeitig wandten sie sich von dem Käfigwagen ab und schauten sich an. Der Dompteur zuckte mit den Schultern.

„Ganz ehrlich: Ich weiß es nicht. Es ist, als würden beide Ängste mit gleicher Kraft an mir zerren, die eine links, die andere rechts. Schon mehrfach hatte ich mir fest vorgenommen, etwas zu ändern, aber kurz vorher hatte ich dann doch nicht den Mut dazu. Ich konnte nicht loslassen und eine neue Arbeit suchen." Für einen Moment hielt er inne. „Vielleicht habe ich auch nicht genügend Mitgefühl für den Bären, sonst hätte ich wahrscheinlich schon längst gehandelt." In seiner Stimme schwang seine Enttäuschung mit, die Enttäuschung über sich selbst. Stille. Dann fasste er traurig zusammen: „Ich glaube, mir fehlt sowohl das Mitleid als auch der Mut, um etwas zu ändern."

Der kleine Buddha schenkte ihm ein barmherziges Lächeln. Es war in der Tat eine verzwickte Situation. Da war jemand, der wusste, was zu tun war, damit alle glücklicher sein würden. Er war auch in der Lage, diese Veränderung herbeizuführen – und trotzdem schaffte er es nicht, sie umzusetzen. Durch die verzweifelte Situation des Dompteurs wurde dem kleinen Buddha zum ersten Mal richtig bewusst, wie wichtig Mitgefühl und Mut sind, wenn es darum geht, etwas zu ändern. Denn es sind Mitgefühl und Mut, die die nötige Kraft zum Handeln verleihen.

Wieder lächelte der kleine Buddha, dieses Mal, weil er sich über die Ehrlichkeit des Dompteurs freute. Es passierte nicht oft, dass jemand so offen über die eigenen Ängste und Schwächen sprach.

„Was sagen eigentlich die anderen aus der Gruppe dazu? Hast du mit ihnen über deine Situation geredet?"

Natürlich hatte er das. Schon oft war das Thema angesprochen worden und es hatte stets zu heftigen Diskussionen unter den Zirkusleuten geführt.

„Die einen meinen, ich soll den Bären freilassen, weil es gemein und schlichtweg falsch ist, ein wildes Tier eingesperrt zu halten. Sie würden viel lieber ohne Tiernummer auftreten. Einige sagen aber auch, dass es dem Bären gar nicht schlecht geht; schließlich bekommt er genügend Essen und hat ein Dach über dem Kopf. Sie sind felsenfest überzeugt, dass er nicht leidet."

Eine einzelne Wolke schob sich vor den Mond und verdunkelte den Moment.

„Doch niemand weiß, wie es für den Bären wirklich ist", sagte der Dompteur leise. „Wie er sich fühlt, tief im Inneren, eingesperrt im Käfig."

„Höchstens jemand, der selber in Gefangenschaft war", schob der kleine Buddha ein.

Der Dompteur reichte ihm die Schnapsflasche, doch der kleine Buddha lehnte ab. Also nahm der frustrierte Raubtierbändiger selbst noch einen großen Schluck.

„Ich kann mich ja einige Tage einsperren", meinte er leicht sarkastisch.

„Das ist eine hervorragende Idee", erwiderte der kleine Buddha. Er nahm den Dompteur ganz wörtlich.

„Moment", stutzte der Dompteur. „Du meinst das im Ernst?"

„Na klar. Schließlich ist die eigene Erfahrung der einzige Weg, um die Wahrheit kennenzulernen."

Der kleine Buddha sah in dem eigentlich nicht wirklich ernst gemeinten Vorschlag eine großartige Gelegenheit.

„Wenn du eine ähnliche Situation wie die von dem Bären erlebt hast, wirst du sein Leiden vielleicht besser verstehen. Und dann wird es dir womöglich leichter fallen, etwas zu ändern."

Der Dompteur warf ihm einen äußerst skeptischen, ja ablehnenden Blick zu.

„Du glaubst doch nicht wirklich, dass ich mich in den Käfig setze, oder?"

„Warum nicht?"

„Weil ..." Der Dompteur rang nach Argumenten, fand aber auf die Schnelle kein einziges. „Geh du doch in den Käfig, wenn du unbedingt willst."

Bitterkeit klang aus seinen letzten Worten. Wieder griff er zur Schnapsflasche.

„Nein, ich will nicht in den Käfig", entgegnete der kleine Buddha, während er in aller Ruhe aufstand. „Mir gehört der Bär ja nicht. Es ist einzig und allein deine Entscheidung, was du mit ihm machst."

Schweigend blieb er noch einen Moment stehen, dann verabschiedete er sich mit einer freundlichen Verbeugung und verschwand in die Nacht.

Am nächsten Morgen wurde der kleine Buddha von lautem Gelächter geweckt. Als er sich den Stimmen näherte, traute er seinen verschlafenen Augen kaum: Direkt vor ihm, umringt von zahlreichen kichernden Kindern und lachenden Erwachsenen, saß der Dompteur im Käfig. Er hatte es tatsächlich getan!

Während der ganzen Nacht hatte er über ihre Unterhaltung nachgedacht und sich schließlich doch dazu durchgerungen, seinen eigenen Vorschlag auszuprobieren und einige Tage als gefangener Dompteur im Käfigwagen zu verbringen. Den Bären hatte er noch vor Sonnenaufgang außer Ortes gebracht und abseits des Weges mit einer dicken Kette an einem Baum festgemacht. Ein Freund des Dompteurs, der Messerwerfer aus der Zirkusgruppe, hatte sich bereit erklärt, auf ihn aufzupassen und ihn zu füttern.

Da viele Schaulustige vor dem Käfig standen, konnte sich der kleine Buddha nicht in Ruhe mit dem Dompteur unterhalten. Das war allerdings auch gar nicht nötig, denn der Gesichtsausdruck des Gefangenen sagte ohnehin mehr als tausend Worte. Es schien, als wäre die Erfahrung hinter Gittern der letzte Tropfen, der nötig gewesen war, um das Fass zum Überlaufen zu bringen. Wut, Frustration und Scham standen dem Dompteur ins Gesicht geschrieben und er war den Tränen nahe. Nach diesem Erlebnis musste er den Bären einfach freilassen, ansonsten würde er wahrscheinlich jegliche Selbstachtung verlieren und seinen Kummer endgültig im Schnaps ertränken. Die Einsicht war vorhanden und spätestens jetzt auch das nötige Mitgefühl. Das Einzige, was zu tun blieb, war der erste Schritt. Nicht mehr nachdenken, nicht mehr zweifeln – handeln!

Noch am selben Nachmittag zog der kleine Buddha mit seiner Zirkusgruppe weiter. Der Dompteur blieb zurück. Zwar saß er noch im Käfig und der Bär war noch nicht frei, aber trotzdem wusste der kleine Buddha bereits, dass sich beides sehr bald ändern würde. Die Augen des Dompteurs hatten es ihm gesagt, klar und deutlich. Denn es waren seine Augen, die die Welt auf einmal aus der Perspektive des gefangenen Tieres gesehen hatten. Es waren die Augen, die wussten, was zu tun war.

Während sie langsam davonfuhren, drehte sich der kleine Buddha noch einmal zu dem Käfigwagen um. Er war sich sicher, dass die Leute noch lange diese Geschichte erzählen würden: die Geschichte vom Dompteur, der sich selbst einsperrte, um einen Bären zu befreien.

Der verrückte Hellseher

Einige Tage später erreichten sie ein Dorf, das ganz in der Nähe des großen Waldes lag, in dem die blinde Hexe lebte. Die blinde Hexe war eine alte Bekannte des kleinen Buddhas. Da er sie schon lange nicht mehr gesehen hatte, beschloss er, sie zu besuchen. Dies bedeutete allerdings auch, dass er sich von den Zirkusleuten verabschieden musste. Über einen Monat hatte er mit ihnen verbracht – aus den anfangs komisch aussehenden Fremden waren gute Freunde geworden und daher fiel es ihm alles andere als leicht, nun ohne sie weiterzuziehen. Er wusste zwar, dass Trennungen nötig sind, um irgendwann ein freudiges Wiedersehen feiern zu können, aber dennoch: An diese verdammten Abschiede konnte er sich einfach nicht gewöhnen!

Als am nächsten Morgen der Moment gekommen war auseinanderzugehen, überreichte ihm der Clown im Namen der gesamten Gruppe drei rote Jonglierbälle. Der kleine Buddha war vor Freude über dieses unerwartete Geschenk sprachlos und umarmte all seine Freunde. Tränen flossen und alle wünschten sich, ihre Wege mögen sich bald wieder kreuzen. Entschieden steckte der kleine Buddha die Bälle in seine Umhängetasche, lächelte allen noch einmal zu und marschierte los in Richtung Wald.

Auf einem schmalen Pfad kam er zuerst an einigen Bauernhöfen vorbei, bevor er seine Schritte durch eine weitläufige Weidelandschaft lenkte. Die friedliche Umgebung lud zum Träumen ein und der kleine Buddha ließ seinen Gedanken freien Lauf. Er erinnerte sich an Erlebnisse aus der Vergangenheit und an die vielen Möglichkeiten, die in der Zukunft lagen. Dazwischen machte er immer wieder Halt in der Gegenwart, indem er tief ein- und ausatmete und sich an der herrlich duftenden Landluft erfreute.

Er war bereits über zwei Stunden unterwegs, als es plötzlich zu regnen begann. Die ganze Zeit war er der strahlenden Sonne entgegengegangen und hatte gar nicht gemerkt, wie hinter ihm immer mehr Wolken aufgezogen waren. Da der Regen schnell stärker wurde, sah sich der kleine Buddha nach einem Unterschlupf um. Da! Auf einer Anhöhe standen einige Bäume, keine hundert Meter entfernt. Er rannte hinüber und suchte unter einer der großen Baumkronen Schutz.

Während der Regen auf die Erde niederprasselte, lehnte sich der kleine Buddha mit dem Rücken gegen den dicken Stamm und betrachtete das Naturschauspiel. Plötzlich hörte er ein lautes Poltern, als wäre jemand von einem Stuhl gefallen, und zwar direkt über ihm. Erschrocken zuckte er zusammen. Es folgte ein weiteres dumpfes Rumpeln und einen Augenblick später landete ein kleiner, aber schwerer Gegenstand direkt vor seinen Füßen. Vorsichtig beugte er sich nach vorne und erblickte eine lila schimmernde Steinkugel auf dem nassen Boden. Er ging in die Knie und wollte eben nach der mysteriösen

Kugel greifen, als eine scharfe Männerstimme von oben erklang: „Liegen lassen!"

Der kleine Buddha zuckte erneut zusammen und riss seine Hand zurück. Sein Blick wanderte nach oben und zu seiner Verblüffung war unterhalb der Baumkrone eine Hütte zwischen die Äste gebaut.

„Der Stein gehört mir", hallte es in einem unhöflichen Tonfall.

„Ist ja gut", erwiderte der kleine Buddha, „ich werde ihn nicht anfassen." Mit angestrengtem Blick suchte er nach einem Gesicht, denn er wollte natürlich unbedingt wissen, zu wem die Stimme gehörte. Doch außer Ästen und Blättern konnte er nichts erkennen und um besser sehen zu können, trat er ein paar Schritte zurück.

„Warte!", rief der Mann, dieses Mal etwas freundlicher. „Kannst du mir vielleicht doch einen Gefallen tun?"

„Sicher", antwortete der kleine Buddha.

„Könntest du den Stein aufheben und mir bringen?"

„Ich soll ihn dir bringen? Wohin denn?"

„Hier hoch natürlich", ertönte es aus der Baumkrone.

„Und wie soll ich da hinkommen?"

Einige Momente herrschte Schweigen, nur der langsam nachlassende Regen war zu hören. Dann ging ein Zischen durch die Luft und einen Augenblick später baumelte auch schon das Ende einer langen Strickleiter über dem Boden.

„Keine Angst", ermunterte der Mann den kleinen Buddha, der skeptisch auf die dünnen und bereits stark abgenutzten Seile der Leiter starrte. „Ich bin größer und auch schwerer als du und bei mir hat sie bisher immer gehalten."

Ein Restzweifel blieb zwar, aber der kleine Buddha konnte mittlerweile seine Neugier kaum noch zügeln – er war noch nie in einem Baumhaus gewesen! Also entschied er sich, das Risiko einzugehen, hob die sonderbare Steinkugel auf, verstaute sie in seiner Tasche und begann, mutig in die Höhe zu klettern. Die Leiter schwang hin und her, knirschte und knackte und vermittelte nicht gerade ein beruhigendes Gefühl. Als er ungefähr zwei Drittel bewältigt hatte, machte er auch noch den Fehler, nach unten zu sehen. Sofort wurde ihm schwindelig und er bereute, dass er sich überhaupt auf dieses Abenteuer eingelassen hatte. Zehn Meter über dem Boden hing sein Leben im wahrsten Sinne des Wortes am seidenen Faden – warum war er nicht einfach zu Hause geblieben? Was, wenn er einen Krampf bekam? Und was, wenn die Leiter doch nicht hielt? Aber es war natürlich sinnlos und vor allem viel zu spät, sich diese Fragen zu stellen. Entweder rauf oder runter, eine andere Option gab es nicht. Kurz schloss er die Augen, holte einmal tief Luft und kletterte dann weiter. Er stieß einen tiefen Seufzer der Erleichterung aus, als er die Plattform des Baumhauses erreicht hatte.

„Siehst du, war doch gar nicht so schlimm", begrüßte ihn der Mann. Er hatte lange graue Haare und leuchtend blaue Augen. „Willst du einen Tee?"

Ja, ein Tee war jetzt genau das Richtige! Der kleine Buddha folgte dem Mann zum überdachten Teil des Baumhauses und sah sich um. Es gab nur einen großen Raum, ähnlich wie in den Wagen der Zirkusleute, aber in diesem Raum befand sich alles, was nötig war. Zum Kochen, Sitzen, Schlafen und sogar für die Toilette gab es einen eigenen Bereich. Das Beste an einem Haus in fünfzehn Metern Höhe war aber natürlich, dass man nach allen Seiten eine überwältigende Aussicht hatte!

„Hast du den Stein?", fragte der Mann.

Der kleine Buddha nickte, griff in seine Tasche und reichte ihm das begehrte Objekt.

„Danke. Ich bin eben mit dem Fuß umgeknickt und hingefallen, deswegen komme ich gerade nicht so gut die Leiter runter."

„Was ist das denn für ein Stein?", wollte der kleine Buddha wissen.

„Es ist ein ganz besonderer Edelstein. Er beschützt mich."

„Wovor?"

„Vor schlechter Energie und bösen Geistern."

„Gibt es hier böse Geister?", fragte der kleine Buddha erstaunt.

„Es gibt überall böse Geister, du kannst sie nur nicht sehen."

„Und du, du kannst sie sehen?"

„Ja. Ich kann alles sehen. Ich bin nämlich ein Hellseher."

Der kleine Buddha freute sich, denn er war noch nie einem echten Hellseher begegnet.

„Wohnst du deshalb oben auf einem Baum? Weil du von hier besser siehst?"

„Quatsch!", erwiderte der Hellseher. „Ich kann immer alles sehen, egal, wo ich bin."

„Und aus welchem Grund wohnst du dann in einem Baumhaus?"

„Weil ich hier sicher bin, wenn die Flut kommt."

„Welche Flut?"

Der kleine Buddha hatte keine Ahnung, wovon der Mann sprach.

„Na die Flut, die bald kommen wird. Ich habe sie gesehen, schon viele Male. Sie wird alles in Bodennähe zerstören."

„Aha. Das heißt, hier ist ein großer Fluss in der Nähe, ja?"

„Nein."

Das Meer war ebenfalls weit entfernt.

„Und du bist trotzdem ganz sicher, dass es eine Flut geben wird?"

„Ja."

„Wann denn?"

„Das weiß ich nicht. Irgendwann. Aber sie wird kommen, ganz bestimmt."

„Und es gibt nichts, was man dagegen tun kann?"

„Nein, nichts. Höchstens in einem Baumhaus leben, so wie ich."

Der Hellseher nahm den Wasserkessel von der geschützten Feuerstelle und schenkte beiden Tee ein. Dann verließ er den überdachten Teil und setzte sich an den Rand der Plattform, sodass seine Beine frei über dem Abgrund hingen. Der kleine Buddha näherte sich vorsichtig ebenfalls dem Rand, warf einen Blick nach unten und zuckte sofort wieder zurück. Er wusste nicht warum, aber Höhe war wirklich nichts für ihn. Erst nach einigem Zögern und mit einem ordentlichen Sicherheitsabstand ließ er sich ebenfalls nieder.

„Was kannst du denn sonst noch sehen?", erkundigte sich der kleine Buddha. „Außer der Flut und bösen Geistern."

„Das habe ich dir doch schon gesagt: Ich kann alles sehen! Ganz gleich, ob es sich um die Vergangenheit oder die Zukunft handelt, die Liebe, das Glück oder auch den Tod." Er hielt kurz inne und schlürfte von seinem Tee.

„Möchtest du wissen, wann du stirbst?"

Der kleine Buddha riss die Augen auf. Nicht etwa vor Begeisterung, sondern vor Entsetzen.

„Nein! Wieso sollte ich das wissen wollen?"

„Damit dir klar ist, wie lange du noch Zeit hast."

„Aber wenn ich weiß, wann ich sterben werde, dann denke ich doch bestimmt an nichts anderes mehr und kann das Leben nicht mehr richtig genießen."

Der Hellseher warf ihm einen gleichgültigen Blick zu. „Vor dem Tod kannst du sowieso nicht weglaufen. Glaube mir, ich sehe ihn ständig und überall! Beziehungen gehen in die Brüche, Häuser stürzen ein und nach und nach stirbt jedes Lebewesen. Blumen verwelken und auch die Welt wird enden. Nichts bleibt, alles vergeht."

Der Regen wurde wieder stärker. Irgendwie hatte sich der kleine Buddha den Aufenthalt inmitten einer Baumkrone heiterer vorgestellt. Der Hellseher hatte natürlich recht mit dem, was er sagte: Der Tod ist unvermeidbar und nichts existiert für die Ewigkeit. Aber bestimmt konnte man auch weniger düster und schwermütig darüber reden. Vielleicht, so dachte der kleine Buddha, hatte der Hellseher schon zu viel Zeit alleine in seinem Baumhaus verbracht.

„Gehst du eigentlich nie runter, um mit anderen Menschen zusammen zu sein?", wollte er wissen.

„Doch, manchmal gehe ich in eines der umliegenden Dörfer. Dann versuche ich immer, die dortigen Menschen zu warnen. Sie wissen ja gar nicht, was auf sie zukommt. Ich erzähle ihnen von der Flut und sage ihnen, dass sie mit den bösen Geistern aufpassen sollen. Außerdem erinnere ich sie daran, dass sie alle sterben werden. Aber weißt du was?"

„Was?"

„Niemand hört mir zu! Sie denken, ich sei verrückt, und deshalb wollen sie nichts mit mir zu tun haben. Aber sie werden schon noch sehen, was sie davon haben."

Trotzig verzog er das Gesicht und schlürfte wieder von seinem Tee.

„Vielleicht machst du den Menschen Angst, wenn du immer nur davon redest, wie schlecht die Zukunft sein wird", wandte der kleine Buddha mit einem behutsamen Lächeln ein. „Womöglich wollen die Leute einfach mehr schöne Dinge hören."

„Ja, natürlich wollen sie das. Aber das Leben ist nun einmal kein Märchen, in dem alles schön ist und alle glücklich sind. Im Gegenteil: Die ganze Welt wird beherrscht von Gier und Selbstsucht. Es gibt so viel Leid überall und es wird immer schlimmer – ich kann es klar sehen, sogar fühlen kann ich es. Die Leute wären viel besser dran, ebenfalls die Augen aufzumachen und die Wahrheit zu sehen. Doch niemand will etwas von dem Leid wissen, wie es wächst und wächst."

Er ließ seinen Blick über den weiten Horizont wandern.

„Wieso soll ich mich also anstrengen, nette Geschichten zu erzählen, wenn sowieso alles böse enden wird?"

Beide schwiegen für eine Weile. Was der Hellseher erwähnt hatte – die Gier, die Selbstsucht und das zunehmende Leid –, war in der Tat besorgniserregend und der kleine Buddha konnte seine Frustration nachvollziehen. Und natürlich ist es wichtig zu warnen, wenn etwas nicht in Ordnung ist oder wenn gar Gefahr droht. Aber mit seinen permanenten dunklen Prophezeiungen verbreitete der Hellseher nichts als Panik und Pessimismus unter den Menschen. Es war also kein Wunder, dass niemand etwas mit ihm zu tun haben wollte.

„Ich glaube, wenn du den Leuten sagst, dass alles ein böses Ende nehmen wird, dann verlieren sie die Motivation, etwas Gutes zu tun."

Der Hellseher sah ihn überrascht an.

„Furcht und Schrecken werden geweckt", fuhr der kleine Buddha fort, „und dadurch wird noch weniger geteilt und noch mehr Leid entsteht."

„Aber was soll ich machen? Sie anlügen und verkünden, dass alles gut sein wird?"

„Nein. Aber du könntest den Menschen bewusst machen, dass ihr Handeln die Kraft hat, das böse Ende in ein gutes Ende zu verwandeln. Auf diese Weise würdest du sie ermutigen, anstatt ihnen Angst zu machen."

Die Worte seines Besuchers brachten den Hellseher zum Nachdenken. Gänzlich überzeugt war er allerdings noch nicht.

„Und was ist mit der Flut?"

„Mit der Flut? Also wenn es irgendwann tatsächlich eine große Flut gibt, dann kann sowieso niemand etwas daran ändern, das hast du doch selbst gesagt."

Innerlich schüttelte der kleine Buddha den Kopf. ‚Er ist wirklich verrückt', dachte er und stellte sich dabei vor, wie riesig die Flutwelle sein musste, wenn sie den weiten Weg vom Meer bis hierher schaffen sollte. Er bezweifelte stark, dass der Hellseher auf dem Baum sicher wäre.

Einige Sonnenstrahlen durchdrangen die Wolkendecke.

„Ich werde besser aufbrechen", sagte der kleine Buddha und erhob sich. „Danke für den Tee!"

Ganz langsam näherte er sich der Stelle, an der die Strickleiter in den Abgrund führte. Er kniete sich hin und tastete sich rückwärts bis an die Kante der Plattform vor. Ihm war richtig flau im Magen, betend und flehend schaute er gen Himmel.

„Heute stirbst du noch nicht", grinste der Hellseher, „du kannst also unbesorgt hinunterklettern."

Der kleine Buddha starrte ihn halb ungläubig und halb hoffend an.

„Sind eigentlich bisher alle deine Vorhersagen wahr geworden?"

„Manche ja, manche nein ..."

Na großartig! Das war genau die Art von unzuverlässiger Antwort gewesen, die er just in diesem Moment nicht hatte hören wollen. Aber was sollte er tun? Wenn er nicht für immer im Baumhaus bleiben wollte, galt es, alle Aufmerksamkeit auf seine Hände und Füße zu richten und die wackelige Leiter hinabzusteigen. Und genau das tat der kleine Buddha.

Wenig später hatte er wieder festen Boden unter den Füßen und fühlte große Dankbarkeit, dass die Seile nicht ausgerechnet an diesem Tag gerissen waren. In solchen Situationen ist es vielleicht wirklich der liebe Gott, das Schicksal oder der Zufall, die über Leben und Tod entscheiden. Meistens hat man jedoch selbst die volle Kontrolle – fast jederzeit kann man die Richtung im Leben ändern und dadurch selbst bestimmen, wie die Zukunft aussehen soll.

Die leere Höhle

Der Waldrand war nur eine Stunde Fußmarsch entfernt, bis zur Höhle der blinden Hexe dauerte es allerdings viel länger. Eigentlich hatte der kleine Buddha vorgehabt, auf halbem Wege zu übernachten, denn vor Einbruch der Dunkelheit würde er auf gar keinen Fall ankommen. Diese Absicht hatte er jedoch schlagartig geändert, als der Hellseher ihm noch etwas hinterhergerufen hatte. Hoch oben vom Baumhaus aus war seine warnende Stimme klar und deutlich zu vernehmen gewesen: „Beeile dich, wenn du deine Bekannte noch sehen willst."

Dem kleinen Buddha war klar, dass der Hellseher leicht verrückt war und dass man ihm nicht alles glauben durfte. Manchmal sprach er allerdings auch die Wahrheit und genau da lag das Problem: Niemand wusste, wann man ihm glauben konnte und wann nicht.

Im ersten Moment hatte der kleine Buddha versucht, die Worte des Hellsehers einfach zu ignorieren. Doch dann waren ihm Zweifel gekommen. Was, wenn er doch die Wahrheit sagte? Schon bei seinem letzten Besuch in der Höhle war die Hexe sehr alt gewesen, es konnte also durchaus sein, dass sie nicht mehr lange zu leben hatte. Aus Angst, möglicherweise zu spät zu kommen, begann der kleine Buddha, schneller zu gehen. Und nicht nur das, er beschloss auch, keine Pause zu machen und auch nicht zu übernachten. Er wollte so bald wie möglich zur Höhle gelangen. Sollte er dort abgehetzt ankommen und sehen, dass alles in Ordnung war, dann würde er eben über sich selbst und darüber lachen müssen, wie leicht er sich doch verunsichern ließ. Aber über sich selbst lachen zu müssen war immer noch wesentlich besser, als erst am nächsten Tag anzukommen und festzustellen, dass der Hellseher doch recht gehabt hatte.

Die Nacht brach herein und der kleine Buddha hatte Mühe, den Weg zu finden. Zwar leuchtete am Himmel der Mond, aber viel Licht fiel nicht bis zum Waldboden. Immer wieder blieb er stehen, um sich zu orientieren. Einige Male bog er falsch ab und musste wieder zurückgehen. Er stolperte über hervorstehende Wurzeln, die er in der Dunkelheit nicht rechtzeitig sah, und ein Mal fiel er sogar hin. Doch all das hinderte ihn nicht, weiter in Richtung Höhle zu marschieren.

Ob die Hexe wohl überhaupt noch am selben Ort wohnte? Vielleicht war sie in eine andere Höhle gezogen oder in ein Dorf. Und wenn sie schon längst tot war? Das war schließlich auch nicht auszuschließen. Doch daran wollte er lieber nicht denken. Er konzentrierte sich erneut auf den dunklen Pfad und versuchte, sich keine Sorgen zu machen und stattdessen hoffnungsvoll nach vorne zu schreiten.

Kurz vor Mitternacht bemerkte er ein mysteriöses Licht, nicht weit vom Weg entfernt. Es schimmerte in einem schwachen Weiß und war furchterregend und einladend zugleich. Vorsichtig näherte er sich und dann wurde ihm mit einem Mal klar, dass er sein Ziel erreicht hatte: Er stand vor der Lichtung, neben der sich die Höhle befand. Der Mond hatte gerade noch genug Helligkeit gespendet, um dem kleinen Buddha den Weg zu weisen.

Er spürte heftiges Herzklopfen. Lag es daran, dass er sich so sehr beeilt hatte, oder an seiner Aufregung? Mit vorsichtigen Schritten umrundete er die Lichtung und war schon fast am Höhleneingang angekommen. Doch dann zögerte er. Es war mitten in der Nacht – vielleicht schlief die Hexe bereits tief und fest und wollte nicht gestört werden? Womöglich war es besser, bis zum Morgen abzuwarten? Aber nein, so lange konnte er nicht im Ungewissen verharren. Er musste wissen, ob sie noch da war und wie es ihr ging.

Zur Höhle führte ein rundes Loch im Waldboden. Alles war stärker bewachsen als bei seinem letzten Besuch, aber dennoch fand der kleine Buddha den Zugang ohne Probleme. Noch einen weiteren Moment hielt er inne, dann tastete er mit dem Fuß nach der Treppe und stieg langsam ins Erdreich hinab. Um ihn herum war es stockdunkel, nicht einmal seine eigene Hand konnte er erkennen.

Als er das erste Mal in der Höhle gewesen war, hatte er sich noch gewundert, wie jemand freiwillig in der Finsternis leben kann. Doch dann hatte er herausgefunden, dass die Hexe sowieso nichts sehen konnte. Vor vielen Jahren hatte sie durch eine Krankheit ihr Augenlicht verloren – es war ein unglaublich harter Schicksalsschlag gewesen,

mit vielen Schmerzen und furchtbarer Verzweiflung verbunden. Zugleich hatte sie aber auch ein wundervolles
Geschenk erhalten: Durch die Blindheit hatte sie gelernt,
voll und ganz mit dem Herzen zu sehen! Dank dieser
besonderen Fähigkeit war sie imstande, nicht nur selbst
glücklich zu sein, sondern auch anderen Menschen bei
ihren Problemen zu helfen.

„Hallo?", flüsterte der kleine Buddha, als er unten angekommen war. Er stand ganz still und lauschte. Doch er
hörte nur seinen eigenen Herzschlag.

„Hallo?", versuchte er es erneut, dieses Mal etwas lauter. „Ist hier jemand?" Wieder bekam er keine Antwort.
War er etwa zu spät gekommen? War die Höhle schon
längst unbewohnt? Er fühlte, wie Enttäuschung in ihm
aufstieg. So sehr hatte er sich gewünscht, noch einmal
mit der Hexe zu sprechen. Mit ausgestreckten Armen
tastete er orientierungslos in der Dunkelheit umher.
Dann hörte er plötzlich doch etwas.

„Ich bin hier", wisperte eine alte Stimme. „Hier drü-
ben."

Der kleine Buddha folgte dem Laut und kurz darauf
stieß er mit dem Fuß gegen eine Anhöhe. Er beugte sich
nach vorne und tastete im Nichts. Und dann berührte er
auf einmal ihre warmen Hände. Da war sie, die Hexe.

„Du bist hier!", freute er sich.

„Ja, und du auch – was für eine Überraschung!"

Beide lächelten. Sie konnten sich natürlich nicht sehen, aber sie fühlten die Freude des anderen.

„Ich hatte schon befürchtet, dass du weggezogen bist oder dass ..."

Er verstummte. Auch die Hexe schwieg für einige Augenblicke. Dann sprach sie ganz leise:

„Es ist gut, dass du nicht später gekommen bist. Viel Zeit habe ich nämlich nicht mehr."

Der kleine Buddha spürte, wie sich für einen Moment sein Hals zusammenzog.

„Was fehlt dir denn?", fragte er besorgt.

„Nichts. Ich bin einfach alt."

„Aber vielleicht kann dir jemand helfen", wandte er mit einem Hauch von Panik ein. „Ich kann losgehen und Hilfe holen. Oder ... Oder ich bringe dich zu einem Arzt."

„Das ist sehr freundlich von dir", erwiderte die Hexe, „aber ich brauche keinen Arzt. Und ich möchte auch nirgendwo anders hin."

Dem kleinen Buddha wurde schnell klar, dass die Hexe sich bereits damit abgefunden hatte, sehr bald zu sterben. Trotzdem ließ er nicht locker.

„Ich glaube, einen Tagesmarsch entfernt gibt es einen Wunderheiler, der ..."

Sie umfasste seine Hand und unterbrach ihn sanft.

„Das ist lieb von dir, wirklich, aber ich möchte hier bleiben. Weißt du, jemand hat mir mal gesagt, dass man einen alten Baum nicht verpflanzen soll. Ich bin mittlerweile ein sehr alter Baum, mit sehr tiefen Wurzeln – lieber sterbe ich hier, wo ich glücklich bin, als zu versuchen, irgendwo anders mein Leben ein klein wenig zu verlängern. Es ist gut so, wie es ist."

„Aber fällt es dir gar nicht schwer zu akzeptieren, dass dein Leben bald vorbei ist?"

Einige Momente herrschte Stille. Die Hexe war schon sehr schwach und nicht mehr in der Lage, lange Unterhaltungen am Stück zu führen. Immer wieder brauchte sie eine Pause, bevor sie antworten konnte.

„Ganz früher, als ich noch jung war, da fiel es mir in der Tat sehr schwer, den Tod zu akzeptieren. Jedes Mal, wenn ich ans Sterben dachte, kämpfte ich mit aller Kraft dagegen an. Ich wollte nicht glauben, dass wir alle sterben, ich wollte ewig leben!"

Der kleine Buddha konnte ihre Worte gut nachvollziehen. Er liebte das Leben so sehr, dass er manchmal ebenfalls hoffte, es würde nie zu Ende gehen.

„Aber dann habe ich irgendwann verstanden, warum wir sterben", fuhr die Hexe fort. „Das war sehr wichtig, denn um etwas akzeptieren zu können, muss man es zuerst verstehen."

„Und warum sterben wir?", fragte der kleine Buddha gespannt.

„Weil alles stirbt. Die Bäume, die Wolken und alle Lebewesen, die Erde und jeder Moment – alles vergeht." Schon der Hellseher hatte ihm das Gleiche erzählt. Ja, vielleicht ist es in der Tat so, dass alles vergänglich ist.

Doch es ging dem kleinen Buddha wie vielen anderen auch: Zwar konnte er es verstehen, aber er wollte es nicht verstehen. Er wollte nicht wahrhaben, dass nichts andauern wird.

„Der Tod ist die größte Veränderung, die es gibt", sprach sie weiter. „Und da diese Veränderung viel stärker ist als wir, ist es völlig zwecklos, sich dagegen zu wehren. Wenn du das verstanden hast – dass wir nichts dagegen tun können –, dann fällt es dir auch leichter, den Tod zu akzeptieren."

Wieder kehrte Stille in der Höhle ein.

Die Hexe lag in ihrem einfachen Holzbett und dämmerte die meiste Zeit in einer Art Halbschlaf vor sich hin. Nur ab und zu war sie für einige Minuten richtig wach. Der kleine Buddha breitete seine Decke auf dem Boden aus und legte sich ebenfalls hin, denn er war erschöpft von dem langen Tag. Er versuchte allerdings, nicht zu schlafen, denn er wollte das Zusammensein mit der Hexe möglichst lange auskosten. Er wusste, dass sie nicht mehr lange da sein würde.

„Hast du Angst vorm Tod?", wollte er von ihr wissen.

„Nein", antwortete sie nach einer Weile. „Manchmal habe ich ein wenig Angst vorm Sterben. Ich hoffe, dass es nicht wehtun wird – vor Schmerzen fürchte ich mich nämlich sehr wohl, so wie alle Menschen. Jedenfalls alle, die ich kenne. Aber Angst vor dem Tod? Nein, warum sollte ich davor Angst haben?"

Der kleine Buddha war von ihrer Antwort überrascht.

„Du hast wirklich keine Angst vorm Tod? Aber er bedeutet doch das Ende des Lebens."

„Das sehe ich anders", entgegnete die Hexe. „Für mich ist der Tod ein Teil des Lebens. Und das Leben ist ein Teil des Todes. Oder anders gesagt: Das Leben und der Tod gehören zusammen. Sie sind zwei Seiten derselben Münze. Ohne den Tod würde es das Leben nicht geben."

„Wie meinst du das genau?", hakte der kleine Buddha nach, der sie richtig verstehen wollte.

„Damit etwas neu beginnen kann, muss zuerst etwas enden. Wenn die Sonne nicht unterginge, dann gäbe es keine Nacht und ohne Nacht könnte die Sonne auch nicht aufgehen. Folglich gäbe es auch keinen neuen Tag. Nichts würde existieren." Sie zögerte einen Moment. „Es ist ein Kreislauf und dieser Kreislauf kann nur bestehen, wenn es Geburt und Tod, wenn es Anfang und Ende gibt."

Ja, das leuchtete dem kleinen Buddha ein.

„Das Problem besteht allerdings darin", wandte er ein, „dass wir nicht wissen, was passiert, wenn wir sterben. Wenn ich bisher immer nur den Tag erlebt hätte, dann würde mir die Nacht bestimmt Angst machen."

„Warum?", fragte die Hexe erstaunt.

„Weil die Nacht dunkel ist und ..."

„Aber dunkel muss doch nicht schlecht sein", entgegnete sie sofort. „Und selbst wenn, dann kommt es immer noch auf die Perspektive an: Vielleicht ist unser Leben in Wirklichkeit die dunkle Nacht und wenn wir sterben, werden wir feststellen, dass der Tod der sonnige Tag ist."

So hatte der kleine Buddha das Ganze noch nie betrachtet. Wie recht sie hatte – warum sollte der Tod schlechter sein als das Leben? Warum nicht besser?

„Wieso kann der Tod nicht freundlich sein?", fuhr sie fort. „Wieso muss ich mich vor ihm fürchten?"

Von draußen war ein weit entfernter Donner zu hören.

„Der Tod ist das größte Abenteuer, das wir erleben werden. Und diesem Abenteuer möchte ich mit Freude und Neugierde begegnen."

Ihr Atem ging schwach, sie musste sich erneut ausruhen. Während die Hexe wieder in einen Halbschlaf fiel, dachte der kleine Buddha über das nach, was sie gesagt hatte. Leben und Tod sind Teil eines Kreislaufs und sorgen dafür, dass sich alles ständig erneuert – mit dieser Idee konnte er sich gut anfreunden. Und den Tod nicht als beängstigende Ungewissheit, sondern als großes Abenteuer zu betrachten, ja, das war ein willkommener Sichtwechsel!

Er hing noch eine Weile seinen Gedanken nach, dann wurde auch er von Müdigkeit eingeholt und er schlief auf seiner Decke ein. Eine halbe Stunde später wurde er allerdings schon wieder geweckt.

„Könntest du mir bitte etwas Wasser geben?"

„Natürlich", sagte der kleine Buddha sofort. Er tastete nach dem Becher, der neben ihm stand, und reichte ihn der Hexe. Nachdem sie getrunken hatte, stellte er den Becher zurück und legte sich wieder hin. Mit offenen Augen starrte er in die Dunkelheit.

„Was glaubst du, was passiert, wenn man stirbt?"

„Da gibt es viele Möglichkeiten", antwortete die Hexe. „Mal bin ich überzeugt, dass wir wiedergeboren werden, dass wir immer von einem Leben ins nächste reisen. Andere Male sehe ich mich eher nach Hause kommen, wie ein Tropfen, der ins große Meer zurückkehrt."

„Das mag ich, das mit dem Tropfen und dem Meer."

„Ja, ich auch. Aber wer weiß? Ich kann mir auch gut vorstellen, dass es ganz anders sein wird, als ich je gedacht habe."

Sie atmete schwer.

„Ich kenne dazu eine kleine Geschichte. Willst du sie hören?"

Natürlich wollte der kleine Buddha das! Also begann sie zu erzählen:

Eine alte Meisterin saß mit einem ihrer Schüler auf einer Bank.

„Was geschieht, wenn wir tot sind?", fragte der Schüler.

„Ich weiß es nicht", antwortete die Meisterin.

„Doch, bitte, du musst es mir sagen!"

„Aber ich weiß es doch nicht", entgegnete die Meisterin erneut.

Der Schüler sah sie zweifelnd an.

„Du bist doch eine große, bekannte Meisterin, die auf alles eine Antwort hat. Wie kann es sein, dass du nicht weißt, was nach dem Tod geschieht?"

„Aber wie soll ich das wissen?", schmunzelte die alte Frau. „Ich bin doch keine tote Meisterin!"

Auch die Hexe und der kleine Buddha schmunzelten.

„Niemand weiß, was passiert, wenn wir sterben", sagte sie nach einer kleinen Pause. „Früher oder später werden wir es herausfinden, aber für das Leben hat die Antwort keine Bedeutung. Trotzdem ist es wichtig, den Tod nicht zu ignorieren, denn ..."

Ein starker Hustenanfall unterbrach sie. Der kleine Buddha hielt ihre Hand und hoffte, dass sie nicht zu sehr leiden musste. Mehrere Minuten vergingen, bevor sie sich wieder beruhigt hatte und weiterreden konnte:

„Der Tod kann uns helfen, besser zu leben. Denn wenn wir verstehen, dass es ein Ende gibt, dann wissen wir auch, dass wir nur begrenzte Zeit hier sind."

„Und deswegen ist es am besten, jeden Moment zu genießen", fügte der kleine Buddha lächelnd hinzu.

„Genau! Es gilt, die Lebenszeit wie einen wertvollen Schatz zu behandeln! Weise mit ihr umzugehen und sie nicht zu verschwenden, sie mit guten Freunden zu teilen und sich Träume zu erfüllen."

„Es ist eigentlich ganz einfach", stellte der kleine Buddha mal wieder fest, „das mit dem Glücklichsein."

„Ja, das ist es", stimmte die Hexe zu. „Aber leider verschieben viele Menschen mit ständig neuen Ausreden ihr Glück immer wieder in die Zukunft. Und dann sind sie plötzlich tot und die Gelegenheit, glücklich zu sein, ist vorbei."

Sie schwiegen beide. Der kleine Buddha wusste nur allzu gut, wie leicht es passieren kann, Träume und gute

Absichten auf den nächsten Tag zu verlegen oder den übernächsten oder den überübernächsten. Er hatte es selbst schon oft genug so gemacht – irgendein Grund war immer schnell gefunden, wenn er gerade etwas nicht tun wollte, weil er zu faul war oder zu feige. Aber je mehr er dem Tod ins Auge sah, je mehr er ihn akzeptieren lernte, desto klarer wurde ihm, dass es im Leben keine Zeit für Ausreden gibt.

Für eine Weile lagen sie einfach da, auf dem Boden der dunklen Höhle, tief im Bauch der Erde. Sie fühlten sich beschützt, umgeben von Stille und angenehmer Wärme. Alles war friedlich.

„Das Leben", flüsterte die Hexe, kurz bevor sie beide einschliefen, „das Leben ist ein ganz besonderes Geschenk. Es ist eine ganz außergewöhnliche Erfahrung, einzigartig und oft wunderschön. Und da Leben und Tod zusammengehören, vereint wie Bruder und Schwester, bin ich mir sicher, dass auch die Erfahrung des Todes ein ganz besonderes Geschenk sein wird."

Als der kleine Buddha am späten Vormittag aufwachte, merkte er sofort, dass etwas anders war. Etwas in der Höhle hatte sich verändert, während er geschlafen hatte. Es war immer noch dunkel und still, aber ... er war alleine. Vorsichtig tastete er nach der Hexe. Erschrocken fuhr er zusammen, als seine Hand ihren kalten Körper berührte. Es war ein merkwürdiges Gefühl: Sie lag noch am selben Platz – und doch war sie gegangen.

Eine große Träne kullerte seine Wange hinunter, dann noch eine und dann kamen ganz viele. Der kleine Buddha saß alleine in der Dunkelheit und trauerte um seine tote Freundin. Er wusste, dass sie als glücklicher Mensch gestorben war und dass sie keine Angst vor dem neuen Abenteuer gehabt hatte. Wahrscheinlich ging es ihr gut, wo auch immer sie jetzt war. Aber es tat weh zu wissen, dass er nie wieder mit ihr sprechen konnte.

Nach einiger Zeit verwandelten sich seine Trauertränen in Tränen der Dankbarkeit. Er war froh, dass er die Hexe überhaupt kennengelernt hatte, und empfand großes Glück darüber, dass er einige besondere Momente mit ihr hatte teilen können. Vor allem aber war er unendlich dankbar, dass er den Rat des Hellsehers nicht ignoriert hatte und die letzten Stunden vor ihrem Tod gemeinsam mit der Hexe hatte verbringen können. Er wollte gar nicht daran denken, wie er sich gefühlt hätte, wenn er einen halben Tag zu spät gekommen wäre.

Der kleine Buddha blieb noch bis zum Nachmittag in der Höhle, dann legte er eine Decke über den leblosen Körper der Hexe und stieg die lange Treppe hinauf. Als er sich oben noch einmal umdrehte, fiel sein Blick auf den ihm bereits bekannten Stein, der neben dem Eingang lag. In der Nacht hatte er ihn gar nicht gesehen. Die Schrift auf dem Stein war über die Jahre etwas blasser geworden, aber sie war immer noch gut zu lesen:

Im Leben siehst du immer nur das, was du sehen willst.

Die blinde Hexe hatte ihm gezeigt, dass diese Worte auch auf den Tod zutreffen. Man kann etwas Schreckliches im Tod sehen oder etwas Freundliches; man kann Angst vor ihm haben oder ihm mit Neugierde begegnen. Nur eines kann man nicht: ihn wegzaubern.

Mit einem tiefen Seufzer wandte sich der kleine Buddha von der leeren Höhle ab und überquerte die Lichtung. Dann ging er seines Weges, lächelte und fragte sich, wo die Hexe jetzt wohl war.

Der friedliche Mörder

Den restlichen Tag wanderte der kleine Buddha durch den riesigen Wald. Er hatte kein festes Ziel, sondern folgte einfach dem schmalen Pfad. Dabei dachte er viel an die Hexe, an all ihre weisen Worte und an die gemeinsamen Stunden mit ihr. Natürlich war er traurig, dass sie tot war, aber er freute sich auch für sie, weil sie ein langes und erfülltes Leben gehabt hatte. Nicht jeder hat das Glück, als alter und zufriedener Mensch zu sterben, dazu auch noch im eigenen Zuhause.

Die Nacht verbrachte er auf einem weichen Bett aus Moos, genau zwischen zwei Baumwurzeln. Nach den Ereignissen in der Höhle und dem langen Fußmarsch war er völlig ausgelaugt und schlief sofort ein. Er hatte noch nicht einmal Kraft zu träumen.

Es war schon später Vormittag, als er am nächsten Tag erwachte. Nachdenklich blieb er noch eine Weile auf dem Rücken liegen und blickte in den Himmel. Tausende Blätter des Baums, unter dem er lag, tanzten im Wind. Dem kleinen Buddha fiel plötzlich etwas ein, das ihm ein Bekannter einmal erzählt hatte: In einem anderen Teil des Landes gab es einen Friedhof, wo über jedem neuen Grab ein Baum gepflanzt wurde. Mit der Zeit verwandelten sich die Toten also in einen lebendigen Wald – aus Menschen wurden Bäume, welch wunderbare Vorstellung!

Schließlich machte er sich wieder auf den Weg und erreichte am frühen Nachmittag den Waldrand. Sein Magen knurrte und so kramte er in seiner Tasche nach etwas Essbarem. Sein Proviant war allerdings restlos aufgebraucht. Das Einzige, was er fand, waren die drei Jonglierbälle, die er von der Zirkusgruppe geschenkt bekommen hatte. Er hatte sie fast vergessen und begann sogleich, sie durch die Luft fliegen zu lassen. Doch sein Hunger war einfach zu groß, um in Ruhe jonglieren zu können. Also packte er die Bälle wieder in seine Tasche und marschierte weiter in der Hoffnung, irgendwo etwas zu essen zu finden.

Nach einer Weile kletterte er auf einen kleinen Hügel, um nach einem Dorf oder wenigstens einem Haus Ausschau zu halten. Doch weit und breit war nichts in Sicht. Er wollte gerade wieder von dem Hügel hinabsteigen, als er einen Mann den Weg entlangkommen sah. Schnell lief er den Hang hinunter und passte den Fremden ab.

„Hallo!", begrüßte ihn der kleine Buddha, halb außer Atem.

Der Mann erschrak und blieb für einen Moment wie versteinert stehen.

„Ich will dich nicht belästigen", fügte der kleine Buddha sogleich hinzu, „aber hast du zufällig etwas zu essen übrig?"

Der Mann schüttelte den Kopf. Er war mittleren Alters, hatte eine kräftige Statur und trug einen grauen Umhang.

„Weißt du, wo ich etwas bekommen könnte?", fragte der kleine Buddha leicht verzweifelt, denn sein Magenknurren wurde immer stärker.

„Nein, leider nicht", entgegnete der Mann. „Aber hier sind überall so viele Felder, irgendwo ist bestimmt ein Bauernhof. Ich hoffe es jedenfalls, denn ich habe auch Hunger."

Sie begannen, nebeneinander herzuwandern.

„Wo gehst du hin?", erkundigte sich der kleine Buddha.

„Ich weiß noch nicht. Ich folge einfach dem Pfad." Sofort hellte sich das Gesicht des kleinen Buddhas auf. Er freute sich immer sehr, wenn er jemandem begegnete, der ebenfalls ohne festes Ziel unterwegs war. Es geschieht nicht oft, dass sich jemand die Zeit nimmt, sich in aller Ruhe treiben zu lassen. Meistens wollen die Menschen so schnell wie möglich irgendwo ankommen. Sie eilen dem Ziel entgegen und empfinden das Reisen als lästiges Mittel zum Zweck. Dem kleinen Buddha taten solche Menschen immer leid. Stets das Ende des Weges vor Augen, versäumen sie es, die eigentliche Reise bewusst zu erleben.

Sie schwiegen beide und genossen trotz Hunger den warmen Sommertag und die weite, zum Träumen einladende Landschaft.

„Woher kommst du?", wollte der kleine Buddha nach einer Weile wissen.

„Von weit her", antwortete der Mann knapp. Er schien nicht darüber sprechen zu wollen, was den kleinen Buddha freilich nur noch neugieriger machte. Doch bevor er nachhaken konnte, bot sich dem Mann auf einmal eine gute Gelegenheit, das Thema zu wechseln.

„Sieh mal, ich glaube, da vorne ist ein Bauernhof!" Und tatsächlich: Leicht versteckt hinter einigen Bäumen stand ein altes Haus und direkt daneben lag eine Scheune. Mit großen Schritten marschierten sie auf das Anwesen zu und kamen just in dem Moment an, als der Bauer auf einem Pferdewagen von den Getreidefeldern zurückkehrte. Sie wurden freundlich empfangen und fragten, ob der Bauer zwei hungrigen Reisenden helfen könnte. Das Problem war allerdings, dass keiner der beiden auch nur ein einziges Geldstück bei sich trug. Doch sie hatten Glück: Der Bauer konnte gerade etwas Hilfe gut gebrauchen. Also vereinbarten sie, einige Tage auf dem Hof mit anzupacken, und dafür bekamen sie Verpflegung und einen Schlafplatz.

Morgens halfen sie dem Bauern auf den Feldern und nachmittags rupften sie Unkraut in dem riesigen Gemüsegarten. Es war eine willkommene Abwechslung, nach dem vielen Gehen wieder einmal die Hände in der Erde zu fühlen. Die Tage auf dem Hof waren zwar anstrengend, aber gleichzeitig auch sehr wohltuend – es wurde viel gearbeitet, viel gegessen und viel gelacht!

Der kleine Buddha verbrachte zahlreiche Stunden mit dem Mann, den er unterwegs getroffen hatte, und erlebte ihn als netten und friedlichen Zeitgenossen. Einzig sonderbar war – und das brachte den kleinen Buddha ins

Grübeln –, dass der Mann Fragen nach seiner Vergangenheit immer wieder unbeantwortet ließ. Wenn der kleine Buddha wissen wollte, wo er herkam und was er die letzten Jahre gemacht hatte, wich der Mann stets aus, als hätte er etwas zu verbergen. Nur allzu gerne hätte der kleine Buddha gewusst, worüber der Mann nicht sprechen wollte, aber alle seine Versuche, etwas herauszufinden, blieben erfolglos. Das Ganze hatte allerdings auch etwas Gutes: Anstatt über die Vergangenheit zu reden, erzählten sie sich zeitlose Geschichten über das Leben und erfreuten sich an den vielen kleinen Wundern der Gegenwart.

Nach fast einer Woche verabschiedeten sie sich von dem Bauern und seiner Familie und zogen weiter, mit wohlgenährten Bäuchen und die Taschen gefüllt mit frischem Proviant. Wie schon zuvor wussten sie auch dieses Mal nicht, wohin der Weg sie führen würde, und das war auch gut so – ihre Reiselust wurde durch die Ungewissheit nicht geschwächt, sondern ganz im Gegenteil noch mehr befeuert!

Mit einem zufriedenen Lächeln spazierten die beiden den schmalen Pfad entlang. Auf den Feldern neigten sich die Getreidehalme im Wind, Vögel zwitscherten in den Bäumen und am Himmel zogen weiße Wolken wie kleine Segelboote auf dem großen Meer. Alles war in Bewegung.

Nachdem sie eine lange Weile schweigend nebeneinander hergegangen waren, drehte sich der Mann plötzlich zum kleinen Buddha um.

„Willst du immer noch wissen, wo ich herkomme?"
Der kleine Buddha sah ihn überrascht an und nickte.

„Ich habe auf meiner Reise bisher noch niemandem
davon erzählt. Versprich mir also bitte, dass du es für dich
behältst."

„Ja, natürlich", sagte der kleine Buddha.

Für einige Momente herrschte absolute Stille, sogar
der Wind und die Vögel schienen gespannt zu lauschen.
Dann lüftete der Mann sein Geheimnis:

„Ich bin aus dem Gefängnis ausgebrochen."

Ruckartig blieb der kleine Buddha stehen, sein Mund
sperrangelweit offen.

„Was bist du?", stieß er hervor, entsetzt und staunend
zugleich.

„Du hast schon richtig verstanden: Ich war im Gefängnis und bin ausgebrochen."

„Aber ...", stammelte der kleine Buddha, „warum warst
du denn im Gefängnis?"

Der Mann holte einmal tief Luft.

„Weil ich jemanden umgebracht habe."

„Du ... du hast bitte was?" Der kleine Buddha starrte
ihn fassungslos an. „Soll das etwa heißen, du bist ein Mörder?"

„Ja", antwortete der Mann nüchtern.

Der kleine Buddha konnte nicht glauben, was er da
gehört hatte. Die letzten Tage hatte er so viel Zeit mit
dem Mann verbracht – er war immer freundlich, immer
hilfsbereit und immer gutmütig. Bei der gemeinsamen

Arbeit im Garten hatte der kleine Buddha sogar beobachtet, wie der Mann mit größter Vorsicht die Erde umgrub, damit er noch nicht einmal einen Wurm verletzte. Und dieser Mann sollte ein Mörder sein?

Langsam gingen sie weiter.

„Warum hast du denn jemanden getötet?"

„Das ist eine gute Frage", seufzte der Mann. „Alles begann, als ich mich vor vielen Jahren Hals über Kopf in meine Nachbarin verliebte. Wochenlang brachte ich ihr Blumen und schrieb ihr Briefe, bis wir schließlich ein Paar wurden. Für mich ging damals ein großer Traum in Erfüllung, ich war glücklicher als je zuvor. Doch dann habe ich eines Tages herausgefunden, dass sie mich mit einem anderen Mann betrogen hat. Glaube mir, noch nie in meinem Leben hat mir etwas so sehr weh getan! Es war, als hätte mir jemand ein Messer ins Herz gestoßen. Blind vor Wut habe ich den Übeltäter aufgesucht und ihn im Streit mit einem Stein erschlagen."

Der kleine Buddha verstand nun, warum der Mann nicht über seine Vergangenheit hatte sprechen wollen.

„Und dann?"

„Ich wurde festgenommen und verurteilt, bis an mein Lebensende hinter Gittern zu verbringen. Die erste Zeit im Gefängnis war grausam, es war kalt und dreckig und mich erdrückten Gefühle von Reue und verlorener Freiheit. Aber dann fing ich an, immer öfter darüber nachzudenken, wie es dazu kommen konnte, dass ich so plötzlich zu einem Mörder geworden war. Ich wollte verstehen, warum es passiert ist, denn nur so würde ich etwas ändern können."

„Und wieso hast du es getan?"

Der Mann hielt kurz inne. „Weil ich damals glaubte, dass ich mein eigenes Leiden durch Rache lindern könnte. Ich dachte, meine Schmerzen würden sich verringern, wenn ich sie verteile. Erst nach und nach ist mir klar geworden, dass Rache alles nur noch schlimmer macht. Auf einmal hatte ich nämlich zwei Wunden, die ich heilen musste: die Wunde, betrogen worden zu sein, und die Wunde, ein anderes Leben gewaltsam beendet zu haben."

Wieder schwieg er für einige Momente.

„Es ist wie mit einem Haus, das in Brand geraten ist: Ganz gleich, wer die Schuld trägt – du kannst das Feuer nicht löschen, indem du ein weiteres Haus anzündest. Das Feuer würde sich immer mehr ausbreiten und irgendwann alles zerstören. Nein, um das Feuer zu löschen, brauchst du Wasser! Und das Wasser, mit dem die brennenden Schmerzen im Herzen gelöscht werden können, heißt Liebe."

Dem kleinen Buddha gefiel dieser Vergleich sehr. Was er allerdings nicht so richtig verstand, war, wie das Ganze in der Praxis funktionierte.

„Und wie hast du es geschafft, die beiden Wunden in deinem Herzen zu heilen?"

„Durch Vergebung. Denn Vergebung ist letzten Endes nichts anderes als reine Liebe."

Ein warmer Windzug wehte über ihre Köpfe hinweg.

„Ich habe meiner ehemaligen Freundin vergeben, dass sie mich betrogen und tief verletzt hat", fuhr der Mann fort, „und mir selbst habe ich vergeben, dass ich diesen schrecklichen Mord begangen habe. Und weißt du was?"

Gebannt schaute der kleine Buddha ihn an.

„In dem Moment, als ich vergeben habe, da hat sich alles geändert. Wut und Reue lösten sich auf und an ihre Stelle trat ein Gefühl von Versöhnung."

Der Mann blickte demütig zum Himmel, fast so, als wollte er sich bei jemandem bedanken.

Schweigend gingen sie weiter. Der Mord war eine furchtbare Tat gewesen, daran gab es keinen Zweifel. Aber es gab eben auch nichts, was die Tat hätte ungeschehen machen können. Die Frage war, wie man im Nachhinein mit dem Geschehenen umgehen sollte. Der Mörder wusste, dass er einen großen Fehler gemacht hatte, aber er wusste auch, dass er diesen Fehler nicht rückgängig machen konnte, indem er für immer Schuldgefühle mit sich herumtrug. Anstatt also zu verzweifeln und womöglich sich selbst und die ganze Welt zu verfluchen, hatte er mithilfe seines Fehlers gelernt zu vergeben – sowohl anderen als auch sich selbst. Und durch die Vergebung war er in der Lage gewesen, mit seiner Vergangenheit Frieden zu schließen.

„Gab es keine Möglichkeit, dir deine Strafe zu erlassen?", wollte der kleine Buddha wissen.

„Nein, leider nicht. Ich habe zwar mehrfach Anträge gestellt, aber der Richter hielt es für unmöglich, dass aus einem Mörder ein friedlicher Mensch werden kann. Er war überzeugt, dass ich in einer ähnlichen Situation wieder genauso handeln würde."

„Und wie hast du darauf reagiert?"

„Ich habe ihm gesagt, dass sich niemand sicher sein kann, was die Zukunft bringt. Selbst ein Richter kann morgen zu einem Mörder werden und ein Mörder kann eines Tages ein anderes Leben retten."

Wie viel Wahrheit in diesen Worten steckte! Und wie traurig es war, dass der Richter ihm keine neue Chance gegeben hatte. Der kleine Buddha fand, dass jeder eine neue Chance verdiente. Sogar ein Mörder.

„Nachdem mein Gnadengesuch mehrmals abgelehnt worden war, fing ich an, den anderen Gefängnisinsassen zu helfen. Ich sprach mit ihnen über meine eigene Erfahrung und ermutigte sie, ebenfalls aus ihrer dunklen Vergangenheit zu lernen. Einige Jahre vergingen, bis ich dann eines Tages das große Glück hatte, dass mich ein Arzt nach draußen geschmuggelt hat. Ich hatte mich mit ihm angefreundet und er wollte sich auf seine Weise für meine Arbeit mit den anderen Gefangenen bedanken."

„Und wie hat er dich nach draußen geschmuggelt?", fragte der kleine Buddha verdutzt.

„Er hat mir eine kleine Menge Gift verabreicht und dadurch bin ich so krank geworden, dass es aussah, als wäre ich bereits gestorben. Unter einem Leichentuch hat er mich aus dem Gefängnis gebracht und von da an war ich offiziell ein toter Mörder. Draußen hat er mir ein Ge-

genmittel gegeben und wenig später habe ich ein neues Leben in Freiheit angefangen."

‚Was für eine außergewöhnliche Geschichte!', dachte der kleine Buddha. Sie war ein großartiger Beweis dafür, dass sich auch unter schwierigsten Umständen alles zum Besseren wenden kann – vorausgesetzt, man ist bereit, sich selbst zu ändern.

Nach zwei Tagen erreichten sie das Ufer eines großen Flusses. Schnell stellte sich heraus, dass sich ihre Wege hier trennten: Der Mann wollte flussaufwärts in Richtung der Berge gehen, den kleinen Buddha zog es dagegen flussabwärts in Richtung Meer. Sie verabschiedeten sich mit einer innigen Umarmung und wünschten sich alles Gute für die weitere Reise. Dann zogen sie alleine weiter, der eine nach Norden und der andere nach Süden.

Als er bereits ein paar Minuten unterwegs war, wandte sich der kleine Buddha noch einmal um und sah den Mann langsam in der Ferne verschwinden. Er war dankbar, dass er ihm begegnet war, denn der Mörder hatte ihn daran erinnert, dass wir Menschen immer eine Wahl haben, auch in Konfliktsituationen. Wenn uns jemand verletzt hat, können wir entweder weiter verletzen oder anfangen zu vergeben. Ganz gleich, wie groß oder klein unsere Wunde ist, egal, ob der Körper oder das Herz verletzt wurde – wir können immer selbst entscheiden, ob wir mit Hass oder mit Liebe reagieren. Und auch wenn das Vergeben manchmal sicherlich nicht leicht ist, so ist es doch die einzige Möglichkeit, den Kreislauf der Gewalt zu durchbrechen und wahren Frieden zu schaffen.

Die wütende Wäscherin

Auf seinen Reisen war der kleine Buddha schon durch viele verschiedene Landschaften gekommen. Er war in den Bergen gewesen, an einem See, im Wald, am Meer und in der Wüste. Was bisher gefehlt hatte, war ein richtiger Fluss! Zwar hatte er schon viele Bäche gesehen, aber sie waren immer so klein gewesen, dass er ohne Probleme über sie hatte hinwegspringen können. Der Fluss, an dessen Ufer er nun entlangging, war hingegen so breit, dass man ein Boot brauchte, um auf die andere Seite zu gelangen. Allerdings spielte die andere Seite für den kleinen Buddha gar keine Rolle, denn er war glücklich, wo er gerade war.

Einige Stunden spazierte er flussabwärts, dann legte er eine Pause ein und ließ sich auf einem großen runden Stein nieder. Die Luft war erfüllt von sommerlichem Duft und der Klang des fließenden Wassers gab ihm ein Gefühl von tiefer Ruhe und innerer Gelassenheit. Es kam dem kleinen Buddha fast so vor, als wollte ihn der Fluss zum Meditieren einladen, und genau das tat er dann auch.

Wie die Strömung vor seinen halb offenen Augen ließ er auch seine Gedanken einfach vorbeiziehen. Er atmete langsam und gleichmäßig ein und aus und beobachtete, wie Erinnerungen, Ideen und Sorgen auftauchten und wieder verschwanden. Dabei stellte er fest, dass sich der

Geist und ein Fluss sehr ähneln: Beide befinden sich in permanentem Wandel, jeder Tropfen und jeder Gedanke sind nur für einen kurzen Augenblick da und werden sogleich von einem anderen abgelöst. Weder Geist noch Fluss kennen völligen Stillstand, es geht immer weiter und jeder Moment ist anders.

Eine halbe Ewigkeit saß er da und sah dem Treiben des Wassers zu. Doch dann wurde er plötzlich von einem lauten Schrei aus seiner Idylle gerissen. In ungefähr fünfzig Metern Entfernung stand eine Frau am Ufer und warf laut schreiend Steine in den Fluss. Es war ein äußerst merkwürdiger Anblick, vor allem, weil außer der Frau sonst niemand zu sehen war. ,Warum tut sie das bloß?', fragte sich der kleine Buddha und konnte sich ihr Verhalten nicht erklären. Noch eine Weile schaute er ihr fasziniert zu, dann packte ihn seine Neugierde und er beschloss, der Sache auf den Grund zu gehen.

Als er sich der Frau näherte, hatte sie aufgehört, mit Steinen zu werfen. Stattdessen stand sie gebückt neben einem großen Berg Wäsche und tauchte ein dunkelrotes Hemd immer wieder energisch in die Strömung ein. Ihr Gesicht hatte dabei fast dieselbe Farbe wie das Kleidungsstück.

Der kleine Buddha begrüßte sie und hockte sich neben den Wäscheberg ans Ufer.

„Darf ich dich etwas fragen?"

Sie blickte ihn flüchtig an und stimmte seiner Bitte mit einem mürrischen Brummen zu.

„Warum hast du eben so laut geschrien und Steine ins Wasser geworfen?"

„Weil ich wütend bin!"

„Auf die Steine?"

„Nein", erwiderte sie sogleich und musste kurz lachen.

„Aber irgendetwas muss ich schließlich mit meiner Wut machen, ich kann sie ja schlecht an meinen Kindern auslassen. Hast du noch nie Steine in den Fluss geworfen, wenn du wütend bist?"

Der kleine Buddha schüttelte den Kopf.

„Es ist das erste Mal, dass ich an einem richtigen Fluss bin."

„Wirklich?", fragte sie erstaunt. „Ich bin hier in der Nähe geboren und aufgewachsen und wohne auch heute noch in demselben Dorf. Ein Leben ohne Fluss, das kann ich mir überhaupt nicht vorstellen! Er ist wie mein bester Freund – egal, ob in guten oder schlechten Zeiten, immer ist er für mich da und hört mir zu."

Für einen Moment war der kleine Buddha fast ein wenig neidisch, denn er hätte auch gerne einen Fluss als besten Freund gehabt. Dann fiel ihm aber ein, dass er eine ähnliche Beziehung zu seinem alten Bodhi-Baum hatte. Auch ihm konnte er immer alles erzählen. Allerdings würde er ihn nie mit Steinen bewerfen!

„Aber es muss ja kein Fluss sein", fuhr die Frau fort, als hätte sie seine Gedanken gelesen. „Du könntest auf ein Feld gehen oder auf einen Berg und dort mit Steinen werfen. Glaube mir, es tut unheimlich gut, die Wut aus dir herauszulassen. Und lautes Schreien hilft auch! Natürlich löst das nicht all deine Probleme, aber wenigstens bleibt der Ärger so nicht in deinem Inneren eingeschlossen."

„Danke für den Ratschlag!", sagte der kleine Buddha. „Wenn ich das nächste Mal wütend bin, werde ich es auf jeden Fall ausprobieren."

Die Frau legte das rote Hemd in einen Korb und nahm sich das nächste schmutzige Kleidungsstück vor. Sie wirkte immer noch sehr aufgebracht.

„Weswegen bist du denn eigentlich so wütend?", hakte der kleine Buddha nach.

„Ach", seufzte sie, „das ist nicht so wichtig."

„Du kannst es mir ruhig erzählen, wenn du möchtest", erwiderte der kleine Buddha. Er spürte, dass sie gerne darüber sprechen wollte, aber vielleicht wollte sie einen Fremden nicht mit ihren Problemen belästigen. Oder womöglich vertraute sie ihm nicht? Während er noch überlegte, wie er sie ermutigen könnte, platzte es plötzlich aus ihr heraus:

„Ich habe überhaupt keine Zeit für mich! Von früh bis spät muss ich schuften, jeden Tag! Entweder gehe ich meiner Arbeit als Wäscherin nach oder ich bin daheim mit Hausarbeit beschäftigt. Einkaufen, putzen, kochen, waschen – es nimmt einfach kein Ende! Und dann sind da natürlich noch meine drei Kinder, um die ich mich auch ständig kümmern muss. Nicht einmal zehn Minuten habe ich Ruhe! Und was mich dann erst recht zur Weißglut bringt, ist die Tatsache, dass mein fauler Mann keinen einzigen Finger krumm macht. Alles bleibt immer an mir hängen!"

Sie knallte das gerade gewaschene Hemd auf den Stapel mit der sauberen Kleidung, griff nach einem weiteren schmutzigen Hemd und versuchte, sich den Frust von der Seele zu waschen. Das Schreien und Steinewerfen hatte offensichtlich nur bedingt geholfen.

„Gibt es denn nichts, was du an deiner Situation ändern kannst?", erkundigte sich der kleine Buddha.

„Ich weiß nicht ... Am liebsten würde ich alles stehen und liegen und alles hinter mir lassen. Ganz weit weg von hier will ich sein, an einem Ort, wo ich alleine sein kann und keinerlei Verpflichtungen habe. Der Routine entfliehen und frei sein! Aber ich würde es nie übers Herz bringen, meine Kinder im Stich zu lassen."

Die Wäscherin war den Tränen nahe. Sie fühlte sich zerrissen zwischen ihren eigenen Bedürfnissen und denen ihrer Familie. Sie wollte eine gute Mutter sein und auch eine gute Ehefrau, doch sich gänzlich aufopfern? Jeden Tag und jede Stunde, immer nur arbeiten und für andere da sein? Nein, das konnte auf Dauer nicht glücklich machen. Im Gegenteil: Der kleine Buddha wunderte sich überhaupt nicht, dass die Wäscherin völlig frustriert war. Er kannte das Gefühl nur allzu gut, wenn man vor lauter Geben kaum noch Zeit hat, sich um sich selbst zu kümmern. Genau das war ja einer der Gründe gewesen, warum er ein weiteres Mal verreist war. Die vielen Menschen, die sich jeden Morgen vor seinem Bodhi-Baum versammelten und mit ihm sprechen wollten, hatten irgendwann ein Gefühl von Beengung in ihm ausgelöst. Als hätte er nicht genügend Raum und Zeit gehabt, um in Ruhe zu atmen. Der Wäscherin musste es ähnlich gehen. Doch während der kleine Buddha sich von der Beengung relativ leicht hatte befreien können, sah es für die Frau ganz anders aus. Sie konnte nicht von heute auf morgen einfach alles zurücklassen und auf Reisen gehen.

„Vielleicht kannst du ja mit einer kleinen Veränderung anfangen", schlug der kleine Buddha vor. „Ein winziger Schritt in eine neue Richtung ist besser, als bewegungslos in einer unglücklichen Situation zu verharren."

„Das mag sein", erwiderte die Wäscherin, „aber wie soll ich etwas ändern? Irgendwer muss schließlich die ganze Arbeit machen. Und wenn meine Kinder nachmittags aus der Schule kommen, muss jemand für sie da sein. Sie sind noch zu klein, um alleine zu bleiben. Genügend Geld, um für Hilfe zu bezahlen, haben wir leider nicht. Und dass mein Mann ein verdammter Faulpelz ist, habe ich dir ja bereits gesagt."

„Aber selbst wenn er faul ist, einmal in der Woche könnte er doch bestimmt auf eure Kinder aufpassen. Dann hättest du die Möglichkeit, etwas Zeit friedlich am Fluss zu verbringen, ohne Wäsche und ohne Wut."

„Ja, das wäre wundervoll ..."

Für einen Moment ließ sie die Arbeit ruhen, schloss die Augen und lauschte, wie das Wasser mit leisem Plätschern an ihnen vorbeifloss.

„Aber mein Mann ist dazu nicht bereit", fuhr sie schließlich fort, wütend und traurig zugleich. „Ich habe schon oft mit ihm darüber gesprochen, doch jedes Mal streiten wir uns und dann kehrt er mir den Rücken zu und geht einfach."

Der kleine Buddha warf ihr einen mitfühlenden Blick zu. Er fragte sich, wie jemand so egoistisch sein konnte, dass er nicht einmal seine eigene Frau bei der Arbeit mit den gemeinsamen Kindern unterstützte. Aber gut, wenn der Mann ein Nichtsnutz war, dann musste eben nach einer anderen Lösung gesucht werden.

„Und was ist mit deinen Eltern? Können sie dir nicht unter die Arme greifen?"

„Nein, sie sind schon viel zu alt."

„Aber irgendwen muss es doch geben." Der kleine Buddha ließ nicht locker. „Was ist mit deinen Nachbarn?"

Sie schüttelte den Kopf.

„Und deine Freunde? Bestimmt kann dir eine gute Freundin helfen. Denn dafür sind gute Freunde doch da, oder? Um zu helfen."

„Sicher. Aber ich glaube, du stellst dir das zu einfach vor. Meine Freunde haben genau so wenig Zeit wie ich. Sie müssen auch arbeiten, haben selbst Kinder und ..."

„Großartig!", fiel ihr der kleine Buddha ins Wort.

„Großartig? Wie meinst du das?"

„Na, dann könnt ihr euch doch gegenseitig helfen. Wenn du dich mit einer Freundin zusammenschließt, die ebenfalls eine eigene Familie hat, kann sie einmal die Woche auf deine Kinder aufpassen und an einem anderen Tag kümmerst du dich um ihre Kinder."

Die Wäscherin sah ihn verdutzt an.

„Ja, das wäre in der Tat eine Möglichkeit."

Ihr Blick ließ erkennen, dass sie sich fragte, warum sie nicht selbst auf diese Idee gekommen war. Aber manchmal ist das eben so mit den Ideen: Die besten und einfachsten sind so offensichtlich, dass man sie leicht übersieht.

„Und wenn es gut klappt", fügte der kleine Buddha hinzu, „dann könntest du die gegenseitige Hilfe mit den Kindern ausweiten und andere Mütter einbeziehen. Vielleicht schließen sich auch einige Väter an und wer weiß, vielleicht macht dann irgendwann sogar dein eigener Mann mit. Auf diese Weise hätte sich eine kleine Veränderung in eine große verwandelt!"

Ein hoffnungsvolles Lächeln huschte über das Gesicht der Frau. Der Berg mit der Schmutzwäsche war zwar noch nicht abgetragen und mit den Kindern würde ihr an diesem Tage auch noch niemand helfen, aber durch das Gespräch mit dem kleinen Buddha hatte sie neue Zuversicht geschöpft. Sie hatte schon befürchtet, ihr restliches Leben könnte nur aus Arbeit bestehen, doch nun konnte sie sich vorstellen, schon bald auch wieder mehr Zeit für sich zu haben, Zeit, um ihren eigenen Bedürfnissen Aufmerksamkeit zu schenken.

„Ich wünschte, ich wäre dir früher begegnet", sagte sie. „Dann hätte ich diese Idee längst umsetzen können."

„Jetzt ist aber auch gut", erwiderte der kleine Buddha. „Schließlich ist es nie zu spät, etwas zu ändern."

Sie schwiegen und bestaunten demütig das ruhige Treiben des großen Flusses. Nach einer Weile wandte sich die Wäscherin wieder ihrer Arbeit zu. Der kleine Buddha sah ihr zu und dachte dabei über die Unterhaltung nach.

Oft scheint es, dass die Menschen nur große Veränderungen wertschätzen. Dabei sind kleine Veränderungen mindestens genauso wichtig, denn jede große Veränderung fängt irgendwann mit einem einzelnen Schritt an. Und dieser Schritt, ganz gleich, wie winzig er sein mag, bringt bereits Veränderung in die Welt. Außerdem schafft er Selbstvertrauen für größere Aufgaben: Wenn man sich zu viel vornimmt, kann man leicht scheitern und dann schnell den Glauben an eine bessere Zukunft verlieren. Kleine und einfache Veränderungen geben hingegen Kraft, weil sie uns sehen lassen, dass Veränderungen möglich sind.

Als die Frau nach etwa einer Stunde endlich fertig war, nahm sie den großen Wäschekorb unter den Arm und verabschiedete sich vom kleinen Buddha. Sie wirkte viel fröhlicher als zuvor und wusste, was sie tun musste, um die neu gewonnene Fröhlichkeit auch zu bewahren.

„Danke, dass du in mir einen Samen der Veränderung gepflanzt hast. Jetzt liegt es an mir, ihn zu gießen ..."

Die tanzenden Flammen

Der kleine Buddha ging alleine weiter und wanderte am Ufer entlang flussabwärts in Richtung Meer. Gelegentlich wurde er von ein paar Enten begleitet, die sich seelenruhig neben ihm auf der Wasseroberfläche treiben ließen. Wenn er sie beobachtete, stieg in ihm der Wunsch auf, sich ebenfalls so mühelos fortbewegen zu können. Wie schön musste es sein, von der Strömung oder dem Wind getragen zu werden, entspannt die Beine baumeln zu lassen und gleichzeitig ein Stück von der Welt zu sehen. Er nahm sich fest vor, irgendwann einmal eine Reise mit einem Boot zu machen.

Vorerst waren es jedoch seine Beine, die ihn trugen, und damit sie das auch weiterhin tun konnten, brauchten sie Nahrung. Da er seinen Proviant schon wieder aufgebraucht hatte, war der kleine Buddha erleichtert, als er in der Nähe des Flusses einen kleinen Bauernhof entdeckte. Glücklicherweise gab es in jedem Gemüsegarten immer viel Arbeit und er konnte sich mit dem Bauern schnell auf einen Tausch einigen: Genau wie bei seinem letzten Besuch auf einem Bauernhof half er auch dieses Mal beim Unkrautjäten und bekam dafür während seines Aufenthalts warme Mahlzeiten und ein bequemes Bett zum Schlafen. Als er sich einige Tage später wieder auf den Weg machte, war er wohlgenährt und seine Tasche war prall gefüllt mit frischer Verpflegung.

Der Fluss wurde nun immer breiter, bis zur Küste konnte es nicht mehr weit sein. Vor einigen Jahren war der kleine Buddha bereits einmal am Meer gewesen und hatte dort die alten Fischer getroffen. Er war schon aufgeregt, die große blaue Wüste nach so langer Zeit wiederzusehen.

Am frühen Nachmittag legte er eine Pause ein und wollte eigentlich eine Runde jonglieren, doch er musste feststellen, dass die Bälle nicht mehr da waren. Auf dem Bauernhof hatte er mit dem Sohn des Bauern jongliert, wahrscheinlich hatte er sie dort vergessen. Für einen Moment überlegte er zurückzugehen, entschied sich jedoch dagegen. Er konnte auch mit anderen Gegenständen jonglieren, mit Äpfeln oder mit Steinen zum Beispiel. Außerdem freute sich der Sohn des Bauern bestimmt über das unerwartete Geschenk. Und jemandem ein Geschenk zu machen, das fühlte sich immer gut an.

Er ruhte sich ein wenig aus, dann spazierte er weiter. Nach etwa einer Stunde kam er an einem großen Felsen vorbei und beschloss hinaufzuklettern. Vielleicht konnte er von dort bereits das Meer erspähen. Und tatsächlich, oben angekommen sah er in der Ferne die Flussmündung und dahinter das tiefe Blau des Ozeans. Er war fast da! Beflügelt von seiner Vorfreude legte er schnellen Schrittes den verbleibenden Weg am Ufer zurück.

Pünktlich zum Sonnenuntergang erreichte er sein Ziel. Er machte genau an der Stelle halt, wo der Fluss sich mit dem Meer vereinigte. Mit gebanntem Blick stand er da,

eine halbe Ewigkeit lang, und bewunderte diesen besonderen Ort. ,Vielleicht verwandelt sich der Fluss gar nicht
wirklich zum Meer', dachte er nach einer Weile. ,Viel-
leicht ist er von Anfang an ein Teil davon.'

Als die Sonne untergegangen war, machte sich der
kleine Buddha auf, um in der Dämmerung noch einen
Schlafplatz zu finden. Doch schon nach wenigen Schritten blieb er wieder stehen – direkt vor ihm sah er Rauch-
schwaden aus dem Boden aufsteigen. Vorsichtig näherte
er sich der Stelle und fand einen kleinen Berg Asche
umgeben von einem Steinkreis. Mit einem abgebroche-
nen Zweig stocherte er in dem schwarzen Haufen herum
und entdeckte zu seiner Überraschung rot leuchtende
Glut unter der Asche. Wahrscheinlich hatte hier jemand
tagsüber gekocht und das Feuer nicht richtig gelöscht.
Wenn das keine Einladung war, das Feuer wieder anzufa-
chen! Schnell sammelte er in der Umgebung so viele
trockene Äste, wie er tragen konnte. Dann holte er noch
trockenes Gras und einige größere Holzstücke herbei.
Das sollte fürs Erste reichen. Er kniete sich vor die Feuerstelle, blies vorsichtig die Asche zur Seite und legte ein
Büschel Gras in die Glut. Sofort entwickelte sich starker
Rauch und kurz darauf brannte das Gras auch schon. Der
kleine Buddha zerbrach die Äste, türmte sie über den lo-
dernden Flammen auf und wartete. Es dauerte nicht
lange, da war das Feuer richtig zum Leben erwacht.

In der Zwischenzeit hatte die Dunkelheit das letzte bisschen Licht verschlungen, nur vereinzelte Sterne

blinkten am Himmel. Die Nacht hatte begonnen. Der kleine Buddha setzte sich im Schneidersitz vor das Feuer und ließ seinen Blick in dem orange-gelben Flammenmeer versinken. Der Strom seiner Gedanken verlangsamte sich und fast wie von alleine fiel er in einen meditativen Zustand. Vergangenheit und Zukunft existierten nur noch als kleine Funken in seinem Geist, lichterloh brannte das Feuer der Gegenwart!

Und genau darum geht es doch im Leben: immer wieder ganz bewusst den Moment erleben, mal in Form eines Abenteuers, mal eingekehrt in Stille. Sich voll und ganz dem Augenblick widmen und nicht an gestern oder morgen denken. Wahrnehmen, was gerade passiert um einen herum und tief im Inneren. Herausfinden, wie es sich anfühlt, das Jetzt. Alles andere ist unwichtig, denn es ist entweder schon vergangen oder noch nicht geschehen. Es gibt nur diesen Moment. Sonst nichts.

Der kleine Buddha starrte in die tanzenden Flammen und lauschte dem Knistern des brennenden Holzes. Im Hintergrund hörte er das Rauschen der Brandung, dazu pfiff der Wind eine leise Melodie. Es klang wie ein Musikstück, komponiert von den Elementen der Natur. Welches Glück er mal wieder hatte, so etwas erleben zu dürfen!

Allmählich brannte das Feuer herunter und drohte schließlich zu verlöschen. Zwischendurch hatte der kleine Buddha schon Holz nachgelegt, nun musste er neues holen. Die Nacht war mondlos und es herrschte völlige Dunkelheit; es war kein einfaches Unterfangen, jetzt nach Brennmaterial zu suchen. Blind stapfte er los und stolperte über herumliegende Steine und tat sich einige Male an den Händen und auch am Knie weh. Er wollte schon aufgeben, als er wie aus dem Nichts doch noch etwas Treibholz fand. Mit seinem großen Zeh war er ausgerechnet gegen das dickste Stück gestoßen! Zum Glück ließ der Schmerz aber rasch nach. Mit den neuen Holzstücken kehrte er zur Feuerstelle zurück.

Obwohl es schon sehr spät war, fühlte sich der kleine Buddha noch überhaupt nicht müde. Während er mit halb offenen Augen zusah, wie das neue Holz Feuer fing, begann er, über seine bisherigen Reiseerlebnisse nachzudenken.

Wie vielen verschiedenen Menschen war er begegnet und alle mussten mit Veränderungen in ihrem Leben klarkommen. Die einen begegneten dem Neuen mit Freude und Neugierde, andere sträubten sich gegen den Wandel oder hatten Schwierigkeiten, eine gewünschte Veränderung in die Tat umzusetzen. Eines hatten jedoch alle gemeinsam: Auch wenn manche es nicht zugeben, so verspürt doch jeder Mensch eine Sehnsucht nach Beständigkeit. Es gibt niemanden, der sich nicht wünscht, dass schöne Momente andauern. Spätestens der Tod der blinden Hexe hatte dem kleinen Buddha allerdings gezeigt, dass die Hoffnung auf ein Andauern völlig vergebens ist. Irgendwann nimmt alles ein Ende – ganz gleich, ob es sich um Reichtum oder Armut handelt, Schmerz oder Freude,

Gedanken oder Gefühle. Nichts bleibt, wie es ist. Alles ändert sich, ständig!

Aber natürlich ist es viel leichter, über die Vergänglichkeit nachzudenken, als mit ihr im Einklang zu leben. Auch der kleine Buddha ertappte sich immer wieder dabei, wie er versuchte, an Dingen und an Momenten festzuhalten. Als er gemerkt hatte, dass er die Jonglierbälle vergessen hatte, war sein erster Gedanke gewesen, umzukehren und sie zu holen. Schnell hatte ihn ein Gefühl von Verlustangst überkommen – er wollte sie zurückhaben, es waren ja schließlich seine Bälle. Erst als er einen Augenblick innegehalten hatte, war ihm bewusst geworden, dass er die Bälle sowieso nicht ewig behalten würde. Und mit dieser Erkenntnis war es dann viel einfacher gewesen, seinen vorübergehenden Besitz wieder loszulassen. Ähnlich verhielt es sich mit besonderen Erfahrungen: Wenn er, wie jetzt gerade, tiefen Frieden erlebte, dann wünschte er sich, er könnte die Zeit anhalten. Doch das war natürlich unmöglich, weder das Feuer noch der innere Frieden ließen sich einfrieren. Bald würde die Nacht vorüber sein und ein neuer Tag mit neuen Erfahrungen würde anbrechen. Und dann folgt die nächste Nacht und ein weiterer Tag und immer so weiter ...

Schon der Fluss hatte dem kleinen Buddha ein tieferes Verständnis vom steten Wandel geschenkt, aber erst durch das lange Betrachten des Feuers wurde ihm bewusst, dass der Wandel in Wahrheit durch die Vergänglichkeit verursacht wird. Der Grund, warum sich alles

ständig ändert, ist das allmächtige Naturgesetz der End-
lichkeit!

Ein Baum wächst und gedeiht und lebt für eine Weile,
dann stirbt er, sein Holz verwandelt sich zu Asche oder
Erde und auf diese Weise wird Platz geschaffen für einen
neuen Baum. Genau so verhält es sich mit allen Gegenständen, mit allen Ideen und mit jedem Menschen. Nur
durch konstante Veränderung kann es einen Kreislauf,
kann es Bewegung geben – wenn nichts verginge, be-
stünde nur Stillstand und kein Leben.

‚Deswegen ist der Tod auch so wichtig‘, dachte der
kleine Buddha, während er näher an das Feuer heran-
rückte, um sich zu wärmen. ‚Denn der Tod bedeutet
Verwandlung und Verwandlung bedeutet Bewegung.‘

Ja, bewegen muss sich das Leben! Wie das Wasser in
einem Fluss muss es fließen, damit es aufblüht; und wie
die Flammen in einem Feuer muss es sterben, damit es
immer wieder neu geboren wird.

Der gestrandete Seefahrer

S tundenlang starrte der kleine Buddha ins Feuer und dachte über die Vergänglichkeit des Lebens nach. Irgendwann überkam ihn dann aber doch die Müdigkeit und er schlief glücklich und zufrieden ein. Als er wenig später aufwachte, war es noch tiefe Nacht. Irgendetwas musste ihn geweckt haben. Noch fast im Halbschlaf entdeckte er in der Ferne ein seltsames Leuchten. Mitten im Dunkeln schien ein Feuerball am Horizont zu schweben! Vielleicht träumte er noch oder hatte er zuvor einfach zu lange in die Flammen geschaut, sodass das Bild des Feuers noch in seinen Geist eingebrannt war? Was sollte es sonst sein? Eine ganze Weile betrachtete er die mysteriöse Erscheinung, dann schlief er unbekümmert weiter.

Am nächsten Morgen wurde er von den ersten Sonnenstrahlen geweckt. Es war fast windstill und nur vereinzelt war das Singen von vorbeiziehenden Vögeln zu hören. Der kleine Buddha atmete genussvoll einige Male tief ein und aus und wollte gerade mit seiner morgendlichen Meditation beginnen, als er nicht weit entfernt etwas auf der Wasseroberfläche erblickte. Ungläubig rieb er sich die Augen: Auf einem Brett sitzend paddelte ein Mann in Richtung Ufer. Seine Haare waren wild zerzaust und im Gesicht hatte er zahlreiche Schrammen, als hätte er die ganze Nacht über mit jemandem gekämpft. Seine Kleidung wirkte arg ramponiert, das machte die ganze Sache noch merkwürdiger. Von einer großen Welle wurde der Mann an den Strand gespült, direkt vor die Füße des kleinen Buddhas. Wie ein nasser Schwamm blieb er vor ihm liegen.

„Wo kommst du denn her?", fragte der kleine Buddha verwundert, während er sicherheitshalber einen Schritt zurücktrat.

Der Fremde raffte sich auf, warf einen Blick aufs Meer und riss dann jubelnd die Arme in die Höhe.

„Ich habe es geschafft! Ich habe es tatsächlich geschafft!"

„Was hast du geschafft?", wollte der kleine Buddha wissen.

„Ich lebe!", rief der Mann und fiel ihm mit großer Erleichterung um den Hals. Der kleine Buddha wusste zuerst nicht so recht, wie er sich verhalten sollte, aber da sich der Mann anscheinend über irgendetwas sehr freute, freute er sich einfach mit ihm und erwiderte die Umarmung. Es war allerdings eine ziemlich triefende Angelegenheit und daher war der kleine Buddha froh, als ihn der Mann wieder losließ.

„Was ist denn genau passiert?", fragte er erneut.

„Ich bin ein Seefahrer", begann der Mann, während er die nassen Kleider auszog. „Letzte Nacht hatte ich beim Kochen einen kleinen Unfall in der Küche auf meinem Segelschiff. Aus diesem kleinen Unfall ist dann leider schnell ein großes Feuer geworden, sodass ich von Bord springen musste, um mich zu retten. Zum Glück konnte ich eine Holzplanke ergattern, bevor mein Schiff gänzlich untergegangen ist. Auf diese Weise hatte ich etwas zum Festhalten und habe es bis hierher geschafft."

Auf einmal fiel dem kleinen Buddha das Leuchten ein, das er mitten in der Nacht am Horizont wahrgenommen hatte. Es war also weder Traum noch Einbildung gewesen – er hatte das brennende Schiff gesehen.

„Gott sei dank war ich nur wenige Kilometer von der Küste entfernt", fuhr der Seefahrer fort. „Wäre mir das Gleiche weit draußen auf hoher See passiert, hätte ich kaum Überlebenschancen gehabt und wäre jetzt wahrscheinlich schon längst ertrunken."

Der kleine Buddha musste schlucken – noch vor Kurzem hatte er sich vorgenommen, irgendwann einmal selbst eine Reise auf einem Boot zu unternehmen. Jetzt allerdings zweifelte er, ob es wirklich eine gute Idee war, sich mit einem Holzkahn aufs offene Meer zu wagen. Aber gut, momentan musste er sich mit dieser Entscheidung noch nicht auseinandersetzen.

„Willst du etwas essen?", fragte er den Schiffbrüchigen, der bestimmt hungrig sein musste. Dessen letzter Versuch, etwas zu essen, war schließlich nicht sehr erfolgreich gewesen.

„Ja", nickte dieser sogleich, „das ist nett von dir. Und für etwas zu trinken wäre ich dir ebenfalls dankbar."

Zusammen gingen sie zum Nachtlager des kleinen Buddhas. Nachdem er den größten Durst gestillt hatte, ließ der Seefahrer seinen Blick über das glitzernde Wasser schweifen – genau dorthin, wo sein Schiff gesunken war.

„So schnell kann es gehen", seufzte er. „Vor zwei Tagen bin ich losgesegelt und hatte eigentlich vorgehabt, mehrere Jahre unterwegs zu sein. Ich habe lange und hart gearbeitet, um mir meinen Traum von einer Weltumseglung zu erfüllen. Als ich genügend Geld beisammen hatte, habe ich mir ein eigenes Schiff gekauft und alles für die Reise vorbereitet. Ich habe mein Hab und Gut unter Deck verstaut und ausreichend Proviant eingelagert, um einige Monate nicht an Land gehen zu müssen. Nun liegt alles auf dem Meeresboden."

„Das tut mir leid", sagte der kleine Buddha. „Du bist bestimmt traurig, dass alle deine Sachen verloren sind."

„Nein, die Sachen sind mir egal. Aber dass mein großer Traum so schnell zu Ende gegangen ist, das ist in der Tat traurig."

„Kannst du denn nicht wieder arbeiten gehen und noch einmal von vorne anfangen?"

„Nein, ich fürchte, das ist nicht möglich. Weißt du, ich bin nicht mehr der Jüngste. Fast zwanzig Jahre habe ich gebraucht, um genügend Geld zu sparen – in weiteren zwanzig Jahren bin ich vielleicht schon tot. Und selbst wenn nicht, würde mir dann die Kraft fehlen, um eine so anstrengende Reise zu unternehmen. Es war leider eine einmalige Chance."

Einen Moment starrte er wehmütig aufs Meer. Dann zuckte er mit den Schultern, nahm einen Bissen von dem Brot, das ihm der kleine Buddha gegeben hatte, und lächelte.

„Das schmeckt köstlich, vielen Dank dafür!"

Der kleine Buddha sah ihn verdutzt an. Obwohl der Seefahrer allen Grund hatte, deprimiert zu sein, strahlte er Freude aus. Es war bewundernswert, wie er mit diesem Schicksalsschlag umging. Denn es ist einfach, glücklich zu lächeln, wenn das Leben wie ein friedlicher Fluss dahinfließt und es keinerlei Probleme gibt – aber auch dann zu lächeln, wenn alles schiefgeht, das ist eine wahre Kunst!

„Ich könnte jetzt natürlich die ganze Zeit jammern und mich fragen, warum ausgerechnet mir dieses Unglück passiert ist", fuhr der Seefahrer fort. „Aber was nützt mir das? Durch Jammern bekomme ich mein Schiff schließlich auch nicht zurück. Statt also in schlechte Laune zu verfallen und vergeblich gegen den Verlust anzukämpfen, überlege ich lieber, was ich von dieser Erfahrung lernen kann. Denn irgendetwas gibt es immer zu lernen."

Der kleine Buddha schaute ihn erwartungsvoll an. „Und, was hast du gelernt?"

„Ich glaube, das Leben wollte mich daran erinnern, dass es keinen Sinn ergibt, sich an irgendetwas festzuhalten. Ob es mir gefällt oder nicht, alles vergeht und alles stirbt – sogar Träume!"

Da war sie wieder, die Vergänglichkeit. Überall und ständig tauchte sie auf.

„Gibt es denn wirklich nichts, was nicht vergeht?", wollte der kleine Buddha wissen.

„Nein, soweit ich weiß, gibt es nichts. Manche Dinge vergehen allerdings so langsam, dass es uns vorkommt, als würde sich nichts ändern. Wenn man zum Beispiel auf etwas Schönes wartet, dann kann es den Anschein haben, als würde die Zeit still stehen. Oder wenn jemand unter einer schlimmen Krankheit leidet und die Schmerzen nicht vergehen wollen. Oder wenn jemand stirbt, den du liebst, und du das Gefühl hast, dass deine Trauer für ewig andauern wird."

„Und was kann ich machen, wenn die Trauer nicht zu enden scheint?"

„Dann bleibt dir erst einmal nichts anderes übrig, als sie zu akzeptieren. Denn auch Trauer gehört zum Leben dazu – es ist zwecklos, sich gegen sie zu wehren. Wenn du jedoch ganz genau hinschaust und beobachtest, was um dich herum und in deinem Inneren passiert, dann wirst du feststellen, dass nichts für immer gleich bleibt: weder die Zeit noch die Schmerzen oder die Trauer. Manche Menschen leiden zum Beispiel ihr ganzes Leben lang an den Folgen eines Unglücks, das ihnen widerfahren ist. Aber auch wenn ihr Schmerz nicht endet, wandelt er sich doch und irgendwann hat auch neben dem Schmerz und der Trauer wieder etwas Neues und Gutes Platz."

Als beide zu Ende gegessen hatten und die Kleidung des Mannes getrocknet war, machten sie sich zusammen auf den Weg in Richtung Westen. Der Seefahrer wollte zurück in die Hafenstadt gehen, wo er die letzten Monate gelebt hatte. Da der kleine Buddha wie immer keine genauen Reisepläne hatte, schloss er sich ihm an.

Das erste Stück gingen sie schweigend an dem weiten Sandstrand nebeneinander her, der sich wie eine Straße zwischen dem Ozean und einem schier endlosen Palmenmeer entlang schlängelte. Der kleine Buddha genoss die frische Seeluft in seinem Gesicht und den weichen Sand unter seinen Füßen; das gleichmäßige Rauschen der ankommenden Wellen schenkte seinem Geist Frieden und der strahlend blaue Himmel verzauberte seine Augen. Er war vollkommen mit dem Hier und Jetzt verbunden und fühlte sich frei und lebendig.

„Das Gute an deiner Situation ist, dass du nun keine Angst mehr haben musst, etwas zu verlieren", stellte er nach einer Weile fest.

„Das stimmt", lachte der Seefahrer. „Höchstens meine Hose oder mein Hemd könnte mir noch abhandenkommen." Dann fügte er nachdenklich hinzu: „Vielleicht ist das die einzige Art und Weise, wirkliche Freiheit zu erfahren: nichts zu besitzen und leicht wie ein Vogel durchs Leben zu fliegen."

Just in diesem Moment sahen sie eine einsame Möwe übers Wasser gleiten. Sie schauten ihr hinterher und staunten, wie mühelos sie sich bewegen konnte. Es schien so einfach zu sein.

Mit einem zufriedenen Lächeln spazierten sie weiter, bis der Seefahrer plötzlich stehen blieb und sich ans Knie fasste.

„Was ist los?", fragte der kleine Buddha sofort.

„Ich habe mich letzte Nacht gestoßen, als ich versucht habe, den Brand auf dem Schiff zu löschen. Aber keine Sorge, es ist nichts Schlimmes."

Nachdem er sich sein schmerzendes Bein eine Weile gerieben hatte, fuhr der Seefahrer nachdenklich fort: „Unser Körper ist ein gutes Beispiel dafür, wie sich alles unaufhörlich verändert. Heute tut mir mein Knie noch weh, in spätestens einer Woche wird die Wunde schon wieder verheilt sein. Oder schau dir das Leben aller Menschen an: Als winzige Wesen erblicken wir das Licht der Welt und von da an verändern wir uns jeden Tag bis zu unserem Tod. Wir wachsen und altern und bekommen irgendwann graue Haare – so ist der Lauf der Natur. Und doch haben viele Menschen schreckliche Angst davor, alt zu werden. Sie wehren sich gegen den Wandel, wohl wissend, dass dieser nie besiegt werden kann. Und weil sie sich wehren, leiden sie."

Für einen Moment hielt er inne.

„Warte, mir fällt da gerade eine Geschichte ein."

Er räusperte sich kurz, dann begann er zu erzählen:

Es war einmal eine Frau, die sich nichts sehnlicher wünschte, als ein Kind zu haben. Schon immer hatte sie davon geträumt, eines Tages Mutter zu sein. Sie heiratete und zusammen mit ihrem Mann versuchte sie viele Jahre, schwanger zu werden. Doch ohne Erfolg. Sie begann zu verzweifeln und wechselte sogar den Ehepartner, in der Hoffnung, dass es mit einem anderen endlich klappen würde. Doch wieder passierte nichts. Als ihr schließlich verschiedene Ärzten sagten, sie sei inzwischen zu alt, um Kinder zu bekommen, brach für sie eine Welt zusammen. Ihr großer Lebenstraum schien unerfüllt zu bleiben, wie sollte sie je glücklich werden? Doch dann hörte sie von einem Zauberer, der darauf spezialisiert war, Menschen mit unerfüllten Träumen zu helfen. Sofort schöpfte sie neue Hoffnung und machte sich auf zu ihm.

„Bitte, du musst mir helfen!", flehte sie ihn an und erzählte ihre Geschichte.

Der Zauberer hörte aufmerksam zu und als sie geendet hatte, schaute er sie mitfühlend an.

„Ich fürchte, die Ärzte haben recht: Du bist bereits zu alt. Dein Körper ist nicht mehr in der Lage, ein Kind zu bekommen."

„Aber du bist doch der Zauberer, der den Menschen mit ihren unerfüllten Träumen hilft, oder etwa nicht?"

„Das ist richtig", erwiderte der Zauberer. „Aber ich kann die Realität genauso wenig ändern wie du. Niemand kann das."

Enttäuscht ließ die Frau ihren Kopf hängen. Sie wollte sich gerade abwenden, da ergriff der Zauberer noch einmal das Wort.

„Allerdings gibt es etwas anderes, was ich für dich tun könnte."

Gebannt sah die Frau ihn an. „Was denn?"

Der Zauberer lächelte, dann sprach er mit ruhiger Stimme: „Ich kann dir helfen, einen anderen Traum zu suchen."

Fast drei ganze Tage ging der kleine Buddha mit dem gestrandeten Seefahrer die Küste entlang. Kurz bevor sie in der Hafenstadt ankamen, legten sie noch einmal eine längere Rast ein. Die Zeit war gekommen, sich zu verabschieden, denn dem kleinen Buddha war überhaupt nicht nach dem Trubel einer Stadt zumute. Folglich hatte er beschlossen, von hier aus landeinwärts in Richtung Norden weiterzuziehen.

Bevor sich ihre Wege wieder trennten, hatte der kleine Buddha allerdings noch eine Frage auf dem Herzen.

„Was meinst du, was der Hauptgrund ist, warum sich die Menschen so schwertun mit Veränderung?"

Der Seefahrer dachte einige Augenblicke nach.

„Ich glaube, wir weigern uns viel zu oft, die Realität zu akzeptieren, so wie sie ist. Wir haben eine Wunschvorstellung, wie das Leben sein sollte, und an dieser Vorstellung klammern wir uns fest. Für eine Weile mag das gut gehen, aber sobald das Wunschleben nicht mehr mit dem echten Leben übereinstimmt, beginnen die Probleme. Und sehr häufig haben diese Probleme mit dem konstanten Wandel des Lebens zu tun. Immer wieder versuchen wir, etwas andauern zu lassen, was nicht andauern kann – sei es unsere Gesundheit, unseren Reichtum oder unsere Ehe."

„Es gibt aber doch Leute, die ein Leben lang gesund, reich oder glücklich verheiratet sind", warf der kleine Buddha ein.

„Ja sicher, die gibt es", stimmte ihm der Seefahrer zu. „Und natürlich kann man davon träumen, sich Wünsche

zu erfüllen – oder nein, man sollte sogar davon träumen!
Aber man muss sich bewusst sein, dass sich die Umstände
im Leben permanent ändern und deswegen viele Träume
im Laufe der Zeit unerreichbar werden. So wie mir das
mit dem Traum der Weltumseglung passiert ist. Und
wenn ich nicht aufpasse, könnte es mir ähnlich ergehen
wie der Frau in der Geschichte: Obwohl sie schon zu alt
war, hielt sie verzweifelt an dem Wunsch fest, Kinder zu
bekommen; krampfhaft beharrte sie darauf, dass ihr großer Traum in Erfüllung geht, und weil dies nicht geschehen ist, wurde sie unglücklich."

In Gedanken versunken schauten sie beide auf den
weiten Ozean.

„Man sollte also immer bereit sein, einen Traum auch
wieder loszulassen", fuhr der Seefahrer schließlich fort.
„Und damit das ohne viel Leiden passieren kann, ist es am
besten, sich von vorneherein erst gar nicht an dem Traum
festzuhalten."

„Und wie mache ich das? Träumen, ohne mich an dem
Traum festzuhalten?"

„Ganz einfach: indem du dem Wandel mit Neugierde
statt mit Angst begegnest! Denn wenn du immer offen
für Veränderungen bist und dem Leben aufmerksam zu-
hörst, wirst du auch immer wieder neue Träume finden."

Das Mädchen mit der Schlange

Die Küste lag fast einen halben Tagesmarsch hinter ihm, da kam der kleine Buddha an eine Kreuzung, die ihm sehr vertraut erschien. Er blieb stehen und überlegte eine Weile, doch anfangs wollte ihm partout nicht einfallen, woher er diesen Ort kannte. Vielleicht hatte er sich auch getäuscht, schließlich gab es viele Kreuzungen, die ähnlich aussahen. Aber nein, je länger er dort stand, desto überzeugter war er, dass er schon einmal in dieser Gegend gewesen war. Angestrengt dachte er nach. Fünf Wege aus fünf verschiedenen Richtungen, das Meer nicht weit entfernt, die Landschaft überwiegend flach ... Und dann erinnerte er sich plötzlich: Vor einigen Jahren war er auf seiner ersten Reise genau an dieser Stelle vorbeigekommen, zwei Mal sogar!

Beim ersten Mal war er nach Südwesten abgebogen und hatte wenig später das Meer und die alten Fischer kennengelernt. Auf dem Rückweg war er dann direkt in Richtung Norden gegangen – quer durch die riesige Wüste, wo er fast verdurstet wäre! Damals wollte er so schnell wie möglich nach Hause und hatte gedacht, es wäre eine gute Idee, eine Abkürzung zu seinem Bodhi-Baum zu nehmen. Er hatte nicht gewusst, wie strapaziös und gefährlich eine Reise durch die Wüste ist. Da er kein Bedürfnis nach einer Wiederholung dieses Abenteuers verspürte, entschied er sich, dieses Mal außen um die Wüste herumzugehen. Er hatte es ohnehin nicht eilig.

Die nächsten beiden Tage spazierte der kleine Buddha also ganz gemütlich durch eine weitläufige Graslandschaft. Zuerst ging er nach Osten und dann, als er den äußersten Punkt der Wüste umrundet hatte, weiter nach Norden in Richtung seines Bodhi-Baums. Er hatte zwar eigentlich nicht vor, schon wieder in seine Heimat zurückzukehren, aber bis dorthin würde es sowieso noch mindestens eine Woche dauern und in dieser Zeit konnte sich die Richtung seiner Reise auch wieder ändern. Er ließ sich einfach treiben – getragen vom Wind, von seinem Herzen und von jedem einzelnen Augenblick.

Am Morgen des dritten Tages erreichte er ein kleines Dorf, das sich direkt am Rande der Wüste befand. Die Häuser hatten flache Dächer und Dattelpalmen säumten die wenigen Straßen. Obwohl die Sonne noch nicht an ihrem höchsten Punkt stand, war es bereits ziemlich heiß. Der kleine Buddha schlenderte umher, bis er auf einem Platz in der Mitte des Dorfes einen Brunnen fand. Er ließ den bereitstehenden Eimer an der Seilwinde hinab, zog ihn langsam wieder hoch und stillte zuallererst seinen Durst. Dann wiederholte er das Ganze, um sich mit dem kalten Wasser das Gesicht zu erfrischen. Als er den Eimer ein drittes Mal hinunterlassen wollte, wurde er von einer freundlichen Stimme unterbrochen.

„Willkommen in unserem Dorf!"

Ein Mädchen stand vor ihm. Es war ungefähr in seinem Alter, vielleicht ein bisschen jünger. Gerade wollte der kleine Buddha zurückgrüßen, da hörte er ein Zischen, direkt neben dem Kopf des Mädchens. Erst jetzt erkannte er die dicke Schlange, die das Mädchen um den Hals hängen hatte. Mit einem lauten Aufschrei sprang er zurück und wäre um ein Haar in den tiefen Brunnenschacht gestürzt.

„Wieso erschreckst du dich denn so?", fragte das Mädchen überrascht.

Der kleine Buddha schnappte nach Luft und wich zur Seite, damit ihm die junge Dorfbewohnerin nicht zu nahe kam.

„Du hast eine Schlange um den Hals!", stammelte er.

„Das weiß ich", lachte sie. „Hast du noch nie jemanden mit einer Schlange gesehen?"

Der kleine Buddha schüttelte energisch den Kopf. „Ist das nicht gefährlich?"

„Warum sollte es gefährlich sein? Wenn du jemanden mit einem Hund oder einer Katze siehst, fragst du doch auch nicht, ob es gefährlich ist, oder?"

Sie ließ den Eimer hinab und holte ihn in Windeseile gefüllt zurück. Dann goss sie das Wasser in einen großen Krug, stellte diesen auf ihrem Kopf ab und wandte sich leichten Schrittes wieder der Straße zu.

„Komm", forderte sie den kleinen Buddha einladend auf, „ich wohne nicht weit von hier, da kannst du die Schlange besser kennenlernen."

Der kleine Buddha zögerte, aber er wusste, dass jeglicher Widerstand völlig zwecklos war. Auch wenn ihm die Schlange Angst machte, so wollte er auf jeden Fall mehr über sie erfahren.

Wenig später hatten sie das Haus erreicht, in dem die junge Dorfbewohnerin lebte. Nachdem sie den Wasserkrug hineingebracht hatte, setzte sie sich auf die Türschwelle, nahm die Schlange vom Hals und legte sie sich auf ihren Schoß.

„Sie ist wunderschön, findest du nicht?"

Noch nie hatte der kleine Buddha eine Schlange richtig beobachten können. Er war erst zweimal in seinem Leben einer begegnet, beide Male auf einem Feld, und beide Male waren sowohl die Schlange als auch er in Panik geflohen. Aus sicherer Entfernung konnte er nun das in sich eingerollte Tier ganz in Ruhe betrachten. Ein braunschwarzes Fleckenmuster zierte den ganzen Körper der Schlange und ihre Haut glänzte leicht.

„Ja, sie ist tatsächlich wunderschön!", stimmte er ihr zu.

„Und sie ist sehr weise und auch mächtig", fuhr das Mädchen fort, „wie ein uraltes Wesen, das mich beschützt."

„Wirklich? Du fühlst dich beschützt von ihr?"

„Na klar! Wenn mich jetzt jemand bedrohen würde, dann würde sie mich auf jeden Fall verteidigen."

„Aber hast du keine Angst, dass sie auch dich beißen könnte? Sie ist doch giftig, oder etwa nicht?"

Er hatte schon mehrmals gehört, dass vor allem Kinder beim Spielen von Schlangen gebissen wurden, und manche starben sogar an dem Biss.

„Nein, sie ist nicht giftig", erwiderte das Mädchen. „Es ist eine Würgeschlange – sie tötet ihre Beute, indem sie ganz feste zudrückt."

„Ach so", gab der kleine Buddha wenig erleichtert von sich. „Und du bist sicher, dass sie es sich nicht auf einmal anders überlegt und dich verspeisen möchte?"

„Ich bin doch viel zu groß für sie, wie sollte sie mich essen können? Außerdem sind wir Freunde. Sie würde mir nur wehtun, wenn sie sich von mir bedroht fühlte."

Gut, das leuchtete dem kleinen Buddha ein. Er zögerte wieder kurz, dann setzte er sich vor die beiden auf den Boden. Für eine Weile musterten sie sich gegenseitig, dann warf ihm das Mädchen einen herausfordernden Blick zu.

„Wann war das letzte Mal, dass du etwas zum ersten Mal gemacht hast?"

„Wie meinst du das?", fragte der kleine Buddha nichts ahnend. Wortlos reichte das Mädchen ihm die Schlange. Dem kleinen Buddha blieb fast der Atem stehen und er wurde kreidebleich. Reglos saß er da und wusste nicht, was er tun sollte. Schließlich rutschte er vorsichtig ein Stück weg.

„Das ist nicht dein Ernst, oder?", wollte er sich vergewissern.

„Doch, warum nicht?"

Er starrte auf die Schlange. Sie lag jetzt wieder friedlich auf dem Schoß des Mädchens und schien sich nicht sonderlich dafür zu interessieren, was um sie herum geschah. Gleichzeitig strahlte sie aber auch etwas Unberechenbares aus, als ob sie zu jeder Zeit bereit war anzugreifen.

„Was ist, wenn die Schlange mich nicht mag? Sie ist zwar kleiner, dafür aber bestimmt viel stärker als ich. Schau dir nur an, wie dick ihr Körper ist!"

„Du hast recht", entgegnete die junge Dorfbewohnerin, „sie hat unheimlich viel Kraft. Aber nur weil sie viel Kraft hat, bedeutet das nicht, dass sie böse ist."

Wieder hielt sie dem kleinen Buddha die Schlange hin.

„Ich würde ja gerne", sagte dieser mit ängstlicher Stimme, „aber ich traue mich einfach nicht."

„Das verstehe ich", erwiderte sie. „Wenn man Angst hat, ist es schwierig, das nötige Vertrauen aufzubringen." Das Mädchen hörte sich auf einmal gar nicht mehr jung an, sondern eher wie eine alte weise Frau.

„Willst du wissen, wie man den Mut findet, um zu vertrauen?"

Ihre Frage zauberte ein Lächeln auf das Gesicht des kleinen Buddhas. Natürlich wollte er das wissen.

„Du musst einfach an der richtigen Stelle suchen: Die Angst befindet sich im Kopf, der Mut im Herzen! Um vertrauen zu können, musst du also deine Gedanken loslassen und dich tief hinabfallen lassen, dorthin, wo deine Gefühle leben."

„Und was ist, wenn meine Angst zu stark ist und ich meine Gedanken nicht loslassen kann?"

Die junge Dorfbewohnerin dachte einen Augenblick nach. Dann hatte sie eine Idee.

„Ich kenne da einen Trick. Warte!"

Sie legte die Schlange auf den Boden und verschwand hinter dem Haus. Der kleine Buddha blieb wie versteinert sitzen und hoffte, dass die Schlange ebenfalls auf ihrem Platz bleiben würde. Kurz darauf kehrte das Mädchen zurück. Es hielt eine Pusteblume in der Hand.

„Hier, das ist die Blume der Verwandlung. Du nimmst sie und stellst dir vor, dass die Samen deine Gedanken sind. Dann pustest du sie alle weg, schließt die Augen und wenn du sie wieder öffnest, gebe ich dir die Schlange."

Der kleine Buddha schluckte.

„Du wirst sehen, wie einfach es ist", ermutigte ihn das Mädchen.

„Also gut", willigte er schließlich ein.

Er nahm die Blume und machte sich mit voller Konzentration ans Werk. Alle seine Sorgen und Wünsche und was sonst noch durch seinen Kopf schwirrte, richtete er auf die fast durchsichtigen Samenstiele. Dann holte er tief Luft, pustete, so feste er konnte, gegen die magische Pflanze und sah zu, wie alle seine Gedanken davonflogen. Er schloss die Augen und atmete einige Male gleichmäßig ein und aus. Als er die Augen wieder aufschlug, war sein Geist für einen Moment leer und es herrschte völlige Stille.

Das Mädchen lächelte ihn an und legte die Schlange behutsam auf seine Beine. Es streichelte ihr über die Haut, dann lehnte es sich zurück und betrachtete den kleinen Buddha und die Schlange mit einem leisen Lächeln. Zu seiner eigenen Überraschung blieb der kleine Buddha weiterhin ganz ruhig – kein Zittern, kein Herzrasen, nichts. Und auch die Schlange zeigte keinerlei Anzeichen von Angst oder Unbehagen. Der Trick des Mädchens hatte wunderbar funktioniert!

Da saß der kleine Buddha also, in einem Dorf am Rande der Wüste, mit einer lebenden Schlange auf dem Schoß. Wer hätte das für möglich gehalten? Und so schnell, wie seine Angst verflogen war, so schnell stieg nun Faszination in ihm auf. Mit der Freude eines Entdeckers begann er, dieses besondere Tier besser kennenzulernen.

Die Schlange war viel schwerer, als er angenommen hatte, und aus der Nähe sah sie noch schöner aus als von ferne. Es war ein wahrhaftiges Kunstwerk, das die Natur da geschaffen hatte! Und dann bewegte sie sich plötzlich. Erst hob sie ihren Kopf, dann regte sich ihr ganzer Körper. Sie schlängelte sich elegant über seinen Arm nach oben, um seinen Hals herum und auf der anderen Seite wieder herunter. Ihre schmale Zunge tastete dabei die ganze Zeit den Bereich vor ihrem Mund ab. Es kam dem kleinen Buddha so vor, als wollte ihn die Schlange ebenfalls kennenlernen, als wäre sie genau so neugierig wie er. Ganz ruhig hob er seine Hand und fasste sie sanft an, dort, wo sie seinen Hals berührte. Er hatte erwartet, sie wäre schleimig, weil sie so glänzte, doch ihre Haut war rau und trocken und darunter fühlte sich ihr Körper erstaunlich weich an. Jegliches Gefühl von Bedrohung hatte sich verflüchtigt und der kleine Buddha genoss dieses ungewöhnliche Erlebnis in vollen Zügen.

Nach einer Weile kroch die Schlange zurück, schlängelte sich über den Körper des Mädchens, dann um das Haus herum und schließlich verschwand sie auf dem angrenzenden Feld.

„Schnell, sie ist gleich weg!", drängte der kleine Buddha.

Doch das Mädchen blieb seelenruhig sitzen.

„Sie kann tun, was sie möchte. Schließlich gehört sie niemandem."

Der kleine Buddha stutzte.

„Was heißt, sie gehört niemanden? Es ist doch deine Schlange, oder?"

„Nein. Ich bin ihr heute früh bei einem Spaziergang begegnet und dann ist sie mir gefolgt."

Völlig perplex saß der kleine Buddha da und bekam den Mund nicht mehr zu. Er hätte nie gedacht, dass eine wilde Schlange so freundlich und zutraulich sein kann. Immer nur hatte er Geschichten gehört, die von gefährlichen und hinterhältigen Schlangen handelten. So war er voller Vorurteile gewesen und diese Vorurteile hätten ihn beinahe davon abgehalten, etwas ganz Außergewöhnliches zu erleben. Aber dank einer einfachen Pusteblume und dem Trick des Mädchens hatte er es geschafft, seine Gedanken für einen Moment wegzublasen und seine Angst zu überwinden. Er hatte seinen voreingenommenen Geist von allem befreien müssen, um mit dem Herzen handeln zu können. Und erst als er völlig im Nichts verweilte, hatte er den Mut gefunden zu vertrauen.

Der kleine Buddha blieb noch bis zum späten Nachmittag bei dem Mädchen, dann bedankte er sich für die besondere Erfahrung mit der Schlange und machte sich wieder auf den Weg. Während er der untergehenden Sonne entgegenspazierte, dachte er erneut über den konstanten Wandel nach, darüber, dass alles immer vergeht.

Mit der Vergänglichkeit ist es ähnlich wie mit der Schlange. Auch die Vergänglichkeit hat große Kraft und vielleicht fürchten wir uns deswegen so sehr vor ihr. Wir haben Angst, sie könnte Böses mit uns vorhaben und uns wehtun. Und diese Angst kann uns vollkommen lähmen, sie kann uns den Lebensfluss und die Freude nehmen. Doch die Vergänglichkeit hat stets gute Absichten. Nur wenn sie sich eingeengt fühlt, wenn wir ihr nicht genügend Raum lassen und sie angreifen, dann setzt sie sich zur Wehr. Wenn wir aber aus Liebe handeln, können wir ihr vertrauen, da war sich der kleine Buddha jetzt sicher.

Der kostbare Moment

Je mehr sich der kleine Buddha dem Bodhi-Baum näherte, desto langsamer wurden seine Schritte. Er spürte, dass es noch nicht an der Zeit war, nach Hause zurückzukehren – und trotzdem ging er geradewegs darauf zu. Warum, das wusste er selbst nicht so genau. War es einfach das gewohnte Umfeld, das ihn anzog? Vielleicht sehnte sich ein Teil von ihm nach etwas, das andauert; etwas, das hoffentlich immer da sein würde. So wie der Platz unter seinem alten Baum.

Als er nur noch einen Tagesmarsch entfernt war, kehrte allmählich Gelassenheit über das Ende seiner Reise ein. Mit einer Mischung aus Melancholie und Dankbarkeit ließ er noch einmal die Erlebnisse und Begegnungen der letzten Wochen und Monate Revue passieren.

Er fragte sich, wie es wohl dem lächelnden Bettler ging und ob der dicke Bürgermeister seine Einstellung Fremden gegenüber geändert hatte. Er dachte mit großer Freude an seine Zeit mit den Zirkusleuten, an die verliebte Akrobatin und den gefangenen Dompteur und natürlich an den Bären! Ob ihn der Dompteur wirklich freigelassen hatte? Auch an den verrückten Hellseher erinnerte sich der kleine Buddha gerne, allerdings hoffte er, dass dieser aufgehört hatte, die Zukunft so schrecklich schwarzzumalen. Dann war da die blinde Hexe, die ohne

Angst vor dem Tod gestorben war und eine leere Höhle zurückgelassen hatte. Der friedliche Mörder, die wütende Wäscherin und die besonderen Stunden mit den tanzenden Flammen, sie alle waren Teil seiner Reise. Genauso wie der gestrandete Seefahrer, der sich nun einen neuen Traum suchen musste, und das Mädchen mit der Schlange, von dem er so viel über Vertrauen gelernt hatte. Hinzu kamen die zahlreichen Zirkusauftritte, das Baumhaus, der dunkle Wald, die Arbeit auf den Bauernhöfen, das Jonglieren, der große Fluss und die magische Pusteblume. Viele neue Erinnerungen trug er von nun an nicht nur in seinem Gedächtnis, sondern auch in seinem Herzen.

Bereits zum dritten Mal hatte der kleine Buddha eine längere Reise unternommen und eins hatten alle drei Reisen gemeinsam: Sie hatten seine Sicht auf die Welt verändert! Die vielen verschiedenen Menschen, die er getroffen hat, und die unterschiedlichen Orte und Landschaften, die er hatte kennenlernen dürfen, sie alle hatten ihm neue Seiten des Lebens gezeigt. Sie hatten ihm geholfen, Schritt für Schritt neue Erfahrungen zu sammeln, und dadurch konnte er lernen und wachsen und immer wieder neu entdecken, was alles in ihm steckte.

Angst und Mut, Frieden und Wut, Hass und Liebe – so viel schlummert tief im Inneren eines jeden Menschen. Alles liegt verborgen in uns und wartet darauf, unser Leben mitzugestalten. Und genau deshalb dürfen die guten Dinge nicht vergessen und die schlechten nicht ignoriert werden.

Auch die Vergänglichkeit löst zwei völlig unterschiedliche Gefühle in uns aus: Angst und Hoffnung. Oft versuchen wir, den Teil, der uns Angst macht, zu ignorieren, und der Teil, der Hoffnung geben könnte, wird vergessen – weder das eine noch das andere hilft uns weiter. Allerdings können wir das Ganze auch umdrehen, denn es liegt an uns, wie wir der Vergänglichkeit und den daraus resultierenden Veränderungen gegenübertreten. Genau das hatte der kleine Buddha auf dieser Reise immer wieder aufs Neue gelernt. Er hatte die Kraft der Veränderung entdeckt! Immer wieder hatte er selbst erlebt, dass sich alles ständig ändert und dass es sinnlos ist, gegen den steten Wandel anzukämpfen. Er ist viel mächtiger und stärker als wir alle zusammen!

Aber es gibt eben auch die andere Seite. Veränderung kann beflügeln, wenn wir sie nicht als Bedrohung wahrnehmen. Sie kann uns neue Kraft und Hoffnung geben und uns helfen zu vertrauen. Das Einzige, was wir dafür tun müssen, ist, den konstanten Wandel voll und ganz zu akzeptieren, ihn zu umarmen und selbst zu entscheiden, ob wir ihn als ständige Qual ansehen wollen oder als unvermeidbares Vergnügen.

Und ja, der kleine Buddha war sich bewusst, dass es leicht ist, über all das nachzudenken und zu sprechen. Es hört sich so einfach an: ‚Umarme den Wandel.' Doch diese Worte in die Tat umzusetzen und im Alltag anzuwenden, das ist enorm schwierig. Und wahrscheinlich ist es so schwer, weil die einfachsten Dinge immer am schwierigsten zu meistern sind. Mit dem Umarmen des Wandels ist das so, mit dem Glück, mit der Liebe und mit dem Leben im Jetzt ebenfalls.

Alles ändert sich – nein, das ist keine neue Weisheit, die all unsere Probleme im Nu lösen kann. Aber da wir so leicht vergessen, was wirklich wichtig ist, und da es so schwer ist, die schon vorhandene Weisheit auch zu leben, müssen wir immer wieder an sie erinnert werden. Wir müssen jede Weisheit wie einen Muskel trainieren! Und weil wir Menschen Anstrengungen gerne aus dem Weg gehen, stellt uns das Leben immer wieder vor Situationen, in denen wir gezwungen sind, uns mit Dingen wie dem konstanten Wandel auseinanderzusetzen.

Der kleine Buddha erreichte die letzte Weggabelung vor seiner Heimat und blieb stehen. Nicht weit von hier wartete der vertraute Platz unter dem Bodhi-Baum. Es war ein Ort, der ihm ein Gefühl von Beständigkeit vermittelte, ein Ort, wo er Zuflucht fand vor dem schnellen Hin und Her des Lebens. Doch sein Herz wollte weiter wandern und die große weite Welt lockte. Welche Richtung sollte er einschlagen?

Wieder einmal musste er zwischen zwei Dingen wählen, zwischen denen er sich schon oft hatte entscheiden müssen: Sicherheit oder Abenteuer? Die vermeintliche Sicherheit war nur einen kurzen Fußmarsch entfernt, das Abenteuer hingegen lag hinter einem gewagten Schritt ins Unbekannte.

Mitten auf der Kreuzung schloss er die Augen und lenkte seine Aufmerksamkeit auf den Atem. Da stand er also, genau zwischen seinem geliebten Zuhause und der wunderbaren Welt. Es war ein ganz besonderer Moment. Einzigartig, so wie alle Momente. Und wie immer bestand die Herausforderung darin, den schönen Moment zu genießen, ohne zu versuchen, ihn einzusperren. Auch der kleine Buddha hatte damit oft Schwierigkeiten. Er wünschte sich dann, der Augenblick möge für immer andauern, sodass er ihn in der Luft fangen und festhalten könnte. Doch das ist ein vergeblicher Wunsch. Diese traumhafte Vorstellung kann nie wahr werden; diese Idee existiert lediglich im Kopf. Zum Glück aber gibt es etwas, das hilft, diese Gedanken schnell wieder loszulassen: Dankbarkeit! Denn wenn wir den Moment als kostbares Geschenk betrachten, wenn wir uns dankbar fühlen für das, was wir jetzt gerade erleben, dann verschwinden alle Wünsche. Dann sind wir wunschlos. Wunschlos und glücklich.

Kurz darauf entschied sich der kleine Buddha, die Heimkehr vorerst zu verschieben. Der Zeitpunkt, seinem Bauchgefühl zu folgen und danach zu handeln, war jetzt! Er wandte sich noch einmal in Richtung seines Baumes um, dann machte er einen Schritt ins Unbekannte und ging los.

Schon nach wenigen Metern spürte er das Kribbeln der Ungewissheit und begann, über das ganze Gesicht zu strahlen. Es war unglaublich aufregend, nicht zu wissen, was als Nächstes passiert. Wie langweilig wäre jede Reise und auch das Leben, wenn man sehen könnte, was hinter der nächsten Ecke wartet, wenn immer alles genau nach Plan liefe, wenn es keine Überraschungen gäbe und wenn jeder Tag eine Wiederholung von gestern wäre. Durch den konstanten Wandel ist jedoch alles immer in Bewegung und niemand weiß, was morgen sein wird. Und eigentlich ist es deswegen auch egal, ob wir reisen oder zu Hause bleiben. Wir sind alle Abenteurer, unser ganzes Leben lang! Denn ganz gleich, wo wir sind und was wir tun: Jeder einzelne Moment hält einen Schatz bereit, den es zu entdecken gilt.

Den Augenblick genießen

128 Seiten I Gebunden
ISBN 978-3-451-38585-8

Warum vergehen manche Stunden wie im Flug und ein anderes
mal ziehen sich wenige Minuten ins Unendliche? Nach einem
Beinahe-Unfall beim Apfelpflücken, lässt den kleinen Buddha
diese Frage nicht mehr los. Kurzentschlossen begibt er sich auf
Wanderschaft und erlebt wie unterschiedlich man mit der Zeit
umgehen kann. Er sammelt erstaunliche Antworten, die dem
immer größer werdenden Bedürfnis der Menschen nach mehr
Zeit und einem klugen Umgang mit ihr entgegenkommen.

In jeder Buchhandlung!

HERDER

www.herder.de

Was im Leben wirklich zählt!

128 Seiten I Gebunden
ISBN 978-3-451-39742-4

Es war einmal ein kleiner Buddha. Es ging ihm gut, doch etwas fehlte in seinem Leben, das ihm weder die Wolken am Himmel, noch die Bäume am Boden geben konnten. Also begibt er sich auf eine Reise und trifft dort auf Menschen, die jeder für sich eine Antwort darauf gefunden haben, was im Leben wirklich zählt. Und nun weiß der kleine Buddha: Es sind immer die winzigen Dinge, die das Geheimnis des Glücks ausmachen. Eine wunderbare Geschichte über das Glück, poetisch erzählt.

In jeder Buchhandlung!

HERDER

www.herder.de

Die Liebe findet uns …

128 Seiten I Gebunden
ISBN 978-3-451-39840-7

Über das Glück hat der kleine Buddha auf seiner ersten Reise allerhand gelernt. Doch auf die Frage, wie ein Mann eine Frau finden könnte, weiß der kleine Buddha keine Antwort. Und so begibt er sich wieder auf den Weg. Er begegnet Verliebten und Verzweifelten, solchen, die die Liebe gefunden, und anderen, die sie wieder verloren haben, der Liebe zu den Kindern, zu sich selbst und zur ganzen Welt. Und allmählich begreift der kleine Buddha, dass Glück und Liebe zusammengehören. Ob er selbst am Ende das Glück der Liebe findet? Eine himmlische Episode, die glücklich macht.

In jeder Buchhandlung!

HERDER

www.herder.de